Arthur Benno Schmidt

Medizinisches aus deutschen Rechtsquellen

Arthur Benno Schmidt

Medizinisches aus deutschen Rechtsquellen

ISBN/EAN: 9783743319028

Hergestellt in Europa, USA, Kanada, Australien, Japan

Cover: Foto ©ninafisch / pixelio.de

Manufactured and distributed by brebook publishing software (www.brebook.com)

Arthur Benno Schmidt

Medizinisches aus deutschen Rechtsquellen

Medizinisches

aus

deutschen Rechtsquellen

von

Arthur B. Schmidt.

(Abdruck aus der Festschrift für Professor Dr. med. Benno Schmidt von
Dr. med. Georg B. Schmidt, Dr. iur. Arthur B. Schmidt, Dr. med. Martin B. Schmidt.)

JENA
VERLAG VON GUSTAV FISCHER.
1896.

Unserem Vater

zum siebzigsten Geburtstage,

3. März 1896.

Auch mein Festgruss zum heutigen Tage wollte unter dem Zeichen Deiner medizinischen Wissenschaft stehen. Kein dogmatisches Thema der Jurisprudenz wollte er behandeln, dem der Vorwurf des Kastengeheimnisses gemacht werden könnte. Er wollte in den Schatz gemeinsamer Güter greifen, um ein edles Stück zu finden, das sich in den Stirnreif, der beide Wissenschaften schmückt, einfügen liesse. Freilich ist das, was ich geformt habe, bescheidenster Art. Kein Goldschmied würde meine Arbeit an die funkelnden Stücke reihen, die in den Kronen der Medizin und Jurisprudenz glänzen. Mir ist es dann ein Trost, dass es auch einfache Schmiede geben muss, welche in schmuckloser Arbeit das zu schaffen suchen, was eine künstlerisch begnadetere Hand in edlere und reichere Formen fügt. —

Unsere moderne Rechtspflege hat der Medizin und ihren Vertretern einen hervorragenden Platz eingeräumt. Kein Richter wird eines medizinischen Urteils in Fragen der zweifelhaften Zurechnungsfähigkeit des Angeklagten, oder bei Delikten gegen Leib und Leben entbehren können und dürfen. Kein Richter wird eine Entmündigung wegen Geisteskrankheit oder eine Entscheidung auf Entschädigung in einem Unfallsprozesse aussprechen, ohne das sachverständige Gutachten eines Arztes gehört zu haben. Die Jurisprudenz dankt dem Mediziner dafür wie jedem Bürger, in dessen Dienst sie sich mit Schwert und Wage stellt. Auf wissenschaftlichem Gebiete ist noch ein anderer Dank möglich. Wohl ist er untergeordneter Art. Manchem, dem innerhalb einer naturwissenschaftlichen Disciplin jedes Alte nur das Veraltete ist, wird ihn achtlos zur Seite schieben. Wer, wie Du, die Geschichte seiner Wissenschaft liebt, der wird uns gern zu Quellen folgen, deren Klang und Lauf in vergangene Jahrhunderte zurückführt. Was wir aus ihnen schöpfen, ist angewandte Heilkunde, Chirurgie des täglichen Lebens, in inniger Verbindung mit Vorschriften des Rechts. Beiden Teilen dieser Mischung bemüht sich unsere Arbeit gerecht zu werden. So sucht sie als Beitrag zur deutschen Rechtsgeschichte ein Stück Geschichte Deiner chirurgischen Wissenschaft zu bieten.

Jacob Grimm sprach vor 70 Jahren den Wunsch aus, es möchte eine vergleichende Abhandlung über die technischen Namen der Körperverletzungen, ihre Einteilung, Messung und die darauf gesetzten Bussen geschrieben werden[1]). Diesen Wunsch hat Wilda in seinem Strafrecht der Germanen wenigstens für einen Teil der Quellen erfüllt. Seine Darstellung der „Missethaten an Leib und Leben" kommt in ihrer Ausdehnung einer monographischen Bearbeitung nahe[2]). Nur waren es, dem Titel des Werkes entsprechend, lediglich die deutschen Volksrechte und die nordisch-germanischen Quellen, welche Berücksichtigung fanden. Die gleiche Quellengrenze hat sich Brunner's Darstellung gesteckt[3]). Sie ist in ihrer klaren plastischen Weise nach Einteilung und Charakterisierung der einzelnen Körperverletzungen das Beste, was wir auf knappem Raume für diese Fragen des älteren Quellenkreises besitzen. Sehen wir von kürzeren Erwähnungen des gleichen Themas in Strafrechtslehrbüchern[4]) und rechtsgeschichtlichen Sonderschriften[5]) ab, so überschreitet nur eine Arbeit die von Wilda und Brunner eingehaltenen Grenzen. In einer umfangreichen Dissertation hat Ludwig Günther „Die Hauptstadien der geschichtlichen Entwickelung des Verbrechens der Körperverletzung"[6]) behandelt. In geschlossener Reihe verfolgt er die strafrechtlichen Fragen der Körperverletzung vom Altertum bis zur Gegenwart. Ein reiches Quellenmaterial wird herangezogen und verwertet. Insbesondere erhalten hier die mittelalterlichen Quellen eine zusammenhängende Darstellung. Gerade diesem mittelalterlichen Quellenkreise, für den noch am meisten zu thun übrig bleibt, wenden sich auch unsere

---

1) Rechtsaltertümer, Bd. II, S. 629.
2) Strafrecht der Germanen, S. 686 ff.
3) Rechtsgeschichte, II, S. 634 ff.
4) Vgl. L. Günther an der bei Anm. 6 genannten Stelle S. 6, Anm. 7.
5) Z. B. Osenbrüggen, Das alamannische Strafrecht im deutschen Mittelalter. Schaffhausen 1860.
6) Erlangen 1884.

Ausführungen zu. Sie beschäftigen sich mit der Benennung und Einteilung der Verletzungen. Sie betonen die Forterhaltung und -entwickelung älterer Züge in den mittelalterlichen Rechtsquellen. Vor allem suchen sie — was bisher unterblieben ist — einen Fortschritt in der rechtshistorischen Erkenntnis der Körperverletzungen dadurch zu erreichen, dass sie medizinisch-geschichtliche Studien verwerten. Der Anlass unserer Schrift möge es erklären, wenn hierin gelegentlich weiter gegriffen wird, als es unbedingt notwendig erscheinen könnte. Andererseits möge es Anlass und Bestimmung dieser Arbeit entschuldigen, wenn manches nur gestreift, manches unerwähnt gelassen wird. Sicherlich ist beispielsweise die Entwirrung des mittelalterlichen Bussensystems gerade in Anknüpfung an die Leibesverletzungen eine dankenswerte, rechtshistorische Aufgabe. Wir müssten jedoch hierzu mit Rücksicht auf Geld und Geldeswert im Mittelalter weiter ausholen, als es an dieser Stelle geeignet erscheint.

Drei Gruppen der Leibesverletzungen sind es, die uns aus der Fülle der Bestimmungen innerhalb der deutschen Volksrechte entgegentreten: Die trockenen oder dürren Schläge, — die Blutwunden, — die Verstümmelungen und Lähmungen[1]). Alle Einzelheiten, die zunächst in fast erdrückender Zahl eine Klarheit erschweren, lassen sich unter jene Hauptgruppen verteilen. Was daneben steht, sind Delikte, wie der Griff ins Haar, der Wurf ins Wasser oder zur Erde. Auch sie sind bussfällig, bussfällig aber nicht als Körperverletzung, sondern als Misshandlung, oder ehrenkränkende Gewaltthat[2]).

Mit den gleichen Gruppen der Leibesverletzungen rechnen auch die mittelalterlichen Quellen Deutschlands. Ueberraschen kann uns dies nicht. War man doch gerade in Hinblick auf diese Delikte konservativer, als in manchen anderen Partieen des Strafrechts. Reiner, als auf anderen Gebieten, erhielt sich hier das Bussensystem der älteren Zeit; inniger und dauernder schlossen sich hier auch die strafrechtlichen Begriffe der Vergangenheit an. Die immer und immer wieder betonte Gegenüberstellung der blutigen und der unblutigen Leibesverletzungen führt uns, wie in der Zeit der Volksrechte, zur Scheidung der Blutwunde und des trockenen Schlages. Nicht weniger führt uns die Hervorhebung der Vernichtung oder dauernden Schwächung eines Gliedes im Gegensatz zu seiner blossen Verletzung zur Absonderung der Verstümmelung und Lähmung.

---

1) Brunner, II. S. 635 ff.; Wilda a. a. O. S. 731; Günther a. a. O. S. 47 ff.
2) Brunner a. a. O.

Nur der an erster Stelle genannte Gegensatz sei zunächst in den Quellen verfolgt:

Belege hierfür finden sich in reicher Menge. „Ein drucken streich 15 hlr, ein bludige wundt X alb." heisst es im Weistum zu Lössenich[1]) von 1529. Aehnlich lauten die Abstufungen in zahlreichen andern Weistümern[2]). Ausserordentlich häufig stellen auch die Quellen das „blutruns machen" der Verletzung „ane blutruns" gegenüber. Belege hierfür bieten vor allem die Weistümer aus St. Gallen[3]). Daneben stehen Quellenzeugnisse aus dem Thurgau, aus dem Kanton Zürich, aus der Baseler Gegend[4]). Ohne Mühe lassen sich aber auch aus anderen Teilen Deutschlands für diesen Punkt Citate beibringen[5]). Am besten gelangen wir m. E. zu klarer Uebersicht, wenn wir vom Begriffe der Blutwunde ausgehen, und im Gegensatz zu ihm die Begriffe der Verstümmelung, der Lähmung und des trockenen Schlages feststellen.

Keine Bezeichnung ist für die Blutwunde in den Quellen häufiger, als der Ausdruck „Blutrunst", das ahd. und mhd. „bluotruns"[6]). Die sprachliche Ableitung ist nicht zweifelhaft. Das alte gemeingermanische Wort „Blut" bedarf nicht erst der Erklärung. „Runse", „runs", „runst" sind Substantiva zu „rinnen", strömen, fliessen[7]). Blutrunst ist somit „fluxus sanguinis e vulnere", „das Hervorströmen des Blutes", „das aus der Wunde fliessende Blut"[8]) Justus Moeser verwendet in seiner Vorliebe für archaisierende

---

1) Zwischen Münstereifel und Zülpich, Grimm, Weistümer II, S. 703.

2) Grimm, W. I., S. 393 (zwischen Schwarzwald und Rhein): I, S. 472 (Bergstrasse); IV, S. 617 (Rheinhessen); V, S. 657, 658, 660, 667 (Rheinpfalz); III, S. 616 (Franken); IV, S. 689 (Niedersachsen).

3) Grimm, W. I., S. 214, 220, 229, 236; V, S. 142, 160; VI, S. 354.

4) Grimm, W. IV, S. 285; VI, S. 346, 377.

5) Z. B. das Salzburger Landtaiding von Windisch-Matrei (Oesterr. Weistümer, I, S. 305) oder die Ordnung des Gerichts Melbach in der Wetterau (Grimm, W. V, S. 266). — Beispielsweise sei ferner auf die Constitutio Friderici I de pace tenenda (1152—1157, Mon. Germ. leg. S. IV, T. I, ed. Weiland, pg. 196, cap. 4 „.... absque effusione sanguinis fustibus percusserit" verwiesen. Erweitern wir den geographischen Kreis, so könnten auch die Leges Henrici I, cap. 94 (Schmid, Gesetze der Angelsachsen, S. 490) herangezogen werden.

6) Der Ausdruck „plotruns" steht bereits Lex Baiuwariorum IV, 2 („Si in eum sanguinem fuderit, quot plotruns dicunt, solido uno et semi conponat." — „bluotruns" wird substantivisch und adjektivisch verwendet. Vgl. Lexer, Mittelhochdeutsches Hand-Wörterbuch, I, Sp. 318. Belege ergeben die folgenden Ausführungen und Citate in grosser Zahl. Bei Ulfilas findet sich Matthäus 9, 20 ein Adjektiv bloþarinnands („quinô bloþarinnandei", ein Weib an Blutfluss leidend).

7) Grimm, Wörterbuch, Bd. VIII, Sp. 1522, 1523.

8) So Grimm a. a. O. Bd. II, Sp. 189; Bd. VIII (Heyne), Sp. 1523.

Ausdrucksweise statt des heute noch im Volksmunde gebräuchlichen Blutrunst das Substantiv „Blutronne" [1]). Stärker verbreitet ist diese Form „Blutronne", soweit ich sehe, in Deutschland nicht gewesen [2]). Ein Substantivum „blodrene", „blodreina" [3]), „blodresne", „blodrisne" [4]), findet sich dagegen häufiger in friesischen Rechtsquellen, ein Substantivum „blodryne" im Sinne von „fluxus sanguinis" auch im Angelsächsischen [5]). Verfolgen wir die Verwendung des Ausdruckes Blutrunst weiter, so sprechen Rechtsbücher, Weistümer und Stadtrechte aus allen Teilen Deutschlands [6]) von „blutruns clagen", „blutruns machen" [7]), „blutrüstig schlagen". Für die Verbreitung dieser Ausdrucksweise darf auf die S. 9, Anm. 3—5 zusammengestellten Citate verwiesen werden. Zur Ausgestaltung des dort gewonnenen geographischen Bildes für den Gebrauch jener Ausdrücke sei überdies auf Citate aus den niederösterreichischen, tiroler, steirischen, kärnthischen Weistümern [8]), auf Quellen aus Bayern, aus dem Elsass,

---

1) Osnabrückische Geschichte, I, 261; II, 209.

2) Sie erscheint im Weistum der Hülseder Mark (zwischen Lauenau und Munder an der Südwestgrenze der heutigen Provinz Hannover), Grimm, W. III, S. 301. Die Form „der bloetrenne" gebraucht das Weistum von Herzebrok (Westfalen 1552), a. a. O., III, S. 120, „bloiträn" das Vestenrecht zu Hagen vom Jahre 1513 (Westfalen), a. a. O. III, S. 36. Die Soester Schrae, cap. 74 liest „blotrennynge" (Seibertz, Landes- und Rechtsgeschichte des Herzogtums Westfalen, Bd. III, S. 395), die Urkunde Graf Gottfrieds von Arnsberg für die Freiheit zum Freienoble v. 1364 „blotronninge" (Seibertz a. a. O. S. 494). Die Endung „ing" entspricht hierbei unserem „ung".

3) Emsigoer friesischer Text der allgemeinen Busstaxen bei Richthofen, Friesische Rechtsquellen, S. 83; Gesetze der Emsiger a. a. O. S. 224, 225; Gesetze der Hunsingoer a. a. O. S. 332.

4) Vor allem in den Gesetzen der Westergoer bei Richthofen a. a. O. S. 463, 464, 466, 467 u. ö., aber auch in den Gesetzen der Rüstringer a. a. O. S. 538; im Rüstringer friesischen Text der allgemeinen Busstaxen, S. 83 und anderwärts.

5) Vgl. Bosworth, An Anglo-Saxon Dictionary (Neuausgabe von Northcote Toller, 1882), pg. 112. Auch für das Mittelenglische wird „blodrune" durch eine Stelle in Richard Morris, Old English Homilies, I, pg. 207 belegt. Vgl. Stratmann, A Middle-English Dictionary (Neuausgabe von H. Bradley, 1891). pg. 78.

6) Nicht nur sie. Auch die ältere poetische Literatur ist voll von Stellen, die zum Belege angeführt werden könnten. Verwiesen sei nur auf Hans Sachs „nach mir zeuch ich ein dornenstrauch, das mich blutrüstig machet auch", oder auf Ayrer, Fastnachtsspiele „ich bin in guten komen rein, so hat er mich blutrüstig geschlagen." Vgl. Grimm, Wörterbuch, Bd. II, Sp. 189.

7) Eine entsprechende lateinische Wendung für „blutruns machen" ist „sanguinolentum facere". Sie zeigt beispielsweise das Freiburger Stadt- und Marktrecht, cap. 8 (Maurer, Zeitschr. für die Gesch. des Oberrheins n. F., Bd. I, S. 194) und die Burgdorfer Handfeste (Gaupp, Stadtrechte, II, S. 122). — Für andere lateinische Wiedergaben vgl. unten S. 14.

8) Oestrr. Weist., Bd. IV, S. 345; V, S. 251, 570 (Tirol); VI, S. 40, 259, 367, 485 (Steiermark und Kärnthen); VII, S. 22, 25, 413, 463, 780, 983 (Niederoesterreich).

vom Unterrhein u. s. w.[1]) aufmerksam gemacht. Es bedarf ferner, um die weite Verbreitung der obengenannten Ausdrücke zu konstatieren, nur des Hinweises auf den Sachsenspiegel, den Schwabenspiegel, wie auf die grosse Zahl der von ihnen abhängigen Rechtsquellen[2]).

Dabei darf jedoch nicht übersehen werden, dass der Ausdruck „Blutrunst" nicht von allen Quellen inhaltlich gleich verwendet wird. Er wird häufig generell gebraucht, d. h. so, dass dem Sprachgebrauche der einzelnen Quelle nach „Blutrunst" jede blutige Verletzung ist. Beispielsweise bestimmt das Weistum von Weitnau (1344)[3]):

„und darumb ist der todschlag und blutrunsigi und hertvelligi und der nachtschach und tübie und du groz frefli einz vogtz, aber du klein fräfli, da man ein gotzhus man nün schilling erteilt, du ist einz probstz."

Hier, wie in zahlreichen weiteren Quellen, wird neben Todschlag und anderen schweren Delikten nur der Blutrunst gedacht. Eine Differenzierung durch Nebeneinanderstellung mehrerer Arten der blutigen Verletzung unterbleibt. Der Ausdruck „Blutrunst" besitzt deshalb hier generelle Bedeutung. Es wäre sonst nicht einzusehen, weshalb gerade „die Fleischwunde", deren wir sofort gedenken müssen, weggelassen sein sollte[4]).

---

1) Man vergleiche z. B. Grimm, W. IV, S. 68, 373, 382 (Elsass); W. VI, S. 149 (Landrecht von Liebenau, Bayern), Augsburger Stadtbuch, Zusatz zu Art. LII (Meyer, Stadtbuch von Augsburg, S. 121); Gelnhäuser Oberhofentscheidung für Mergentheim, cap. 7 (Oberrhein. Stadtrechte, herausg. von der bad. hist. Kommission, I, 2, S. 137, Ausg. von Rich. Schroeder); Grimm, W. II, S. 427 (W. zu Eidger u. Eller, Untermosel), VI, S. 680 (Marktrecht zu Zülpich, Rheinprovinz).

2) Ssp. I, 68, § 2 liest „den anderen blutrunich maken" (Homeyer), in einzelnen Handschriften auch „den anderen bloetwellich („blûtrunne", vgl. Weiske, Sachsenspiegel, 7. Aufl., S. 48) machen." Der Deutschenspiegel spricht in Landr. cap. 87 (Ficker, S. 89) von „plûtrunstig daz an dem verch geschicht." Schwsp. Landr. cap. 176 (Lassberg) führt die Ueberschrift „von menger hande vrevel ane blûtrunsu"; cap. 98 (Lassberg). Weitere Belege bieten beispielsweise die Blume von Magdeburg (Ausg. von Boehlau) I, 160, II, 2, cap. 242, das Magdeburg-Breslauer systematische Schöffenrecht (Ausg. von Laband), II, 2, cap. 22, das älteste geschriebene polnische Rechtsdenkmal cap. 14 (Volckmann im Programm des Elbinger Gymnasiums, 1869, S. 14), das alte Kulmische Recht (Ausg. von Leman) II, 38, das Glogauer Rechtsbuch, cap. 178, 202 (Wasserschleben, Sammlung deutscher Rechtsquellen, I, S. 25, 27).

3) Im badischen Amte Schopfheim, Grimm, W. I, S. 310. Vgl. hierzu auch Grimm, W. IV, S. 505. — Einen deutlichen Beleg bildet ferner z. B. das Vestenrecht zu Hagen von 1513 (a. a. O. S. 36).

4) Siehe auch Osenbrüggen a. a. O. S. 232 a. f.

Im Gegensatz hierzu bedeutet in anderen Quellen „Blutrunst" unter spezialisierender Einschränkung nur die blutige Zerreissung der Haut, vor allem den blutigen Schlag, — nicht die in das Fleisch dringende blutende Wunde. Als wichtigsten Repräsentanten dieser Scheidung nennen wir den Sachsenspiegel[1]). Die gleiche begriffliche Trennung finden wir in einer grossen Zahl derjenigen Rechtsquellen, die im engen Zusammenhange mit dem Sachsenspiegel stehen[2]). Indessen bildet auch in dieser eingeengten Bedeutung die Blutrunst mit der Fleischwunde zusammen eine Gruppe, nicht mit dem „trockenen Schlag"[3]). Immer ist das charakteristische Moment beim Blutschlage, wie bei der Fleischwunde, das Blut, dessen Hervordringen Schlag oder Verwundung herbeiführt.

Diesen Ueberlegungen gegenüber erscheint die Bezeichnung „Blutwunde" immer noch als die geeignetste[4]), weil unser Sprachgebrauch bereit ist, hierunter den Blutschlag mit zu begreifen. Fordern wir doch für den Begriff der Wunde keine bestimmte Schwere der Verletzung, sondern sprechen von „Wunde", „Verwundung" auch in Hinblick auf oberflächliche, geringere Schäden („Hautwunden"). Hätte man sich vor fünfhundert Jahren über die Wahl eines umfassenden terminus technicus Gedanken gemacht, so würde man vielleicht zu dem Worte „Blutletze"[5]) gekommen sein. Einer nachträglichen Bildung möchte der Vorwurf des Gekünstelten entgegengehalten werden, obgleich der Ausdruck selbst treffend wäre.

---

1) Vgl. Ssp. I, 68, § 2: „sve den anderen blutrunnich maket ane vleischwunde" und hierzu § 3 „mit der bludegen wunde ane vleischwunde" — Für die gleiche Unterscheidung in älteren medizinischen Werken siehe z. B. Hieronymus Brunschwig's Chirurgia (15. Jahrh.), Bl. V b: „Das dritte Capitel sagt vnd leeret dich erkennen die vnderscheid zwischen den wunden vnd blutrunsen."

2) Genannt seien als Beispiele das Rechtsbuch nach Distinctionen, Bd. IV, cap. 1 und 5 (Ortloff, Sammlung deutscher Rechtsquellen, Bd. I, S. 179 ff.; bereits die Ueberschrift des IV. Buches zeigt die Gegenüberstellung), Purgoldts Rechtsbuch, B. XI, cap. 18 (Ortloff a. a. O. II, S. 322), die Blume von Magdeburg, I, 152 (Böhlau, S. 72), II, 2, 242 (a. a. O. S. 145), Schöffenurteile der Dresdener Handschrift bei Wasserschleben a. a. O. S. 137, cap. 3, S. 193, cap. 54, S. 216, Magdeburger Fragen, I, 16, dist. 1 (Ausg. von Behrend, S. 139: „Ab en man beclaget wirt umme cynen totslag, wunden, blutrunst, umme missebandlunge, umb gelt adir was sache das sy"). — Siehe auch Günther a. a. O. S. 80.

3) Vgl. hierzu unten bei der Darstellung der Schläge (a. E.).

4) Diesen Ausdruck verwertet auch Brunner, Rechtsgeschichte, II, S. 636.

5) Vgl. das Citat bei Grimm, Wörterbuch, Bd. VI, Sp. 797:

„Dem hat der tot versniten
sein herz mit swinder letze."

Es ist aber nicht nur dieser Umstand, der jenen Ausdruck als terminus technicus empfiehlt. Die Bezeichnung „Blutwunde" findet vielmehr einen festen Rückhalt durch die Quellen. Vor allem sind es die Gebiete westlich des Rheins, in deren Rechtsaufzeichnungen der generelle Ausdruck „bludige wonde" ausserordentlich häufig auftritt. Die Weistümer der Obermosel, der Saar, der Eifel, des Hunsrück, des Hochwalds und des Thales der Alsenz liefern ganze Reihen von Belegen[1]). Auch aus dem Elsass[2]) lassen sich einschlagende Bestimmungen beibringen; ebenso aus der Schweiz[3]), obgleich hier der Ausdruck „Blutrunst" die Herrschaft behauptet. Vereinzelt begegnen wir weiterhin der generellen Bezeichnung „blutige wunde" in Niedersachsen[4]) und im ehemaligen Herzogtum Nassau[5]). Auch verbale Wendungen mit gleicher Bedeutung kommen vor. In den Gerichtsprotokollen der Schöffen von Mauenheim heisst es:

„Anno 1560 uff donnerdach den 15. Februar seint scholteisz und scheffen zu gericht gesessen . . . . und es haben von wegen der zweyter und dritter acht die nachbahren gefragt und vorgetragen, wie dat desz halffmans Hermans gesyndt, alsz nemblich Euirdt von Weiler und N. Pyffer zu Merhem sich geschlagen und geblutwundet hetten[6])."

Es wurde bereits hervorgehoben und für die Wahl des Ausdrucks in Rechnung gezogen, dass das ausschlaggebende Moment bei der Blutwunde der Verlust von Blut sei. „Blut ist ein ganz besonderer Saft." Das ist auch der innere Kern des Wortes, denn im Wort „Blut" liegt die Vorstellung des Lebenssaftes, dessen Vergeudung durch Zerreissung der äusseren, natürlichen Hülle der

---

1) Obermosel: Grimm, W. II, S. 253, 255. 258, 277, 285, 290. — Saar: Grimm, W. II, S. 75, 77, 79, 80, 81. — Eifel, Grimm, W. II, S. 578; VI, S. 560. — Hunsrück: Grimm, W. II. S. 189, 193; IV, S. 724. — Hochwald: Grimm, W. II, S. 103, 107, 108, 120; VI, S. 465. — Thal der Alsenz: Grimm, W. V., S. 644, 666; V, S. 667.

2) Elsass: Grimm, W. V., S. 516 (Woerth, V, S. 520 (Jahrspruch zu Preinsdorf). Aus dem Elsass stammt auch der (völlig singuläre) Ausdruck „plutwee wunde" (Weistum des grossen Dinghofs zu Münster v. 1339; Grimm, W. IV, S. 187).

3) Grimm, W. V, S. 94, 97 (Kanton Zürich); V, S. 103 (Aargau); IV, S. 409 (Thurgau).

4) Grimm, W. III, S. 270; IV, S. 665, 689.

5) Verwiesen sei auf das Weistum über die Gärteshecken v. 1540 (in der Gegend von Burgschwalbach) bei Grimm, W. I, S. 588.

6) Wasserschleben, Deutsche Rechtsquellen des Mittelalters (1892), S. 197; Mauenheim gehörte zu Köln. Das Verbum „bluetwunden" gebrauchen die westfälischen Weistümer bei Grimm, W. III, S. 27, 36 und 68, es findet sich auch im niedersächsischen Vogtding zu Lauenstein, cap. 59 (Grimm, W. IV, S. 652).

Thäter zu büssen hat[1]). Die Volksrechte verlangten ein „exire", ein „effundere sanguinis"[2]). Mehrfach forderten sie, dass die hervorquellenden Tropfen zur Erde gefallen seien[3]). Auch die mittelalterlichen Quellen lateinischer Fassung reden von „effusio"[4]), nur vereinzelt von „eruptio sanguinis"[5]). Es wird schwer festzustellen sein, ob es sich bei der „effusio sanguinis" um die Erhaltung und Herübernahme des älteren Sprachgebrauchs, oder um die lateinische Wiedergabe eines gleichzeitigen deutschen Ausdrucks handelt. Für eine solche Feststellung ist die lateinische Wendung „effusio sanguinis"

---

1) Dass ausser diesem Grunde auch die Stärke des Angriffs und Eingriffs in die fremde Persönlichkeit der Blutwunde ihre Strafbarkeit verlieh, braucht nicht erst betont zu werden. Um deswillen galt es auch nicht als Blutrunst, wenn der Geschlagene nur aus Mund und Nase blutete. Vgl. z. B. des Grafen Johann Freiheitsbrief für Saarbrücken: „were man oder frauwe blutroistig machet, one an der nasen, der ist vns entfallen achtenhalben β pf. (Grimm, W. II, S. 5). — Einen trefflichen Beleg bietet die flandrische Keure des Dorfes Mariakerke-Baserode v. 1266 cap. 3: „Si quis alterum tam violenter percusserit, ut rupta cute aut fracta sanguis emanaverit" (Warnkönig, Flandrische Staats- und Rechtsgeschichte, II, 2, S. 245).

2) Lex Angliorum et Werinorum 6; Brunner a. a. O. II, S. 634. Vgl. auch die folgende Anmerkung.

3) Lex Salica (ed. Hessels u. Kern) 17,5: „Si quis hominem plagauerit ita ut sanguis in terra cadat." Lex Ribuaria (ed. Sohm) 2: „Si quis ingenuus ingenuum percusserit, ut sanguis exiat, terra tangat. ...." Lex Alamannorum (ed. K. Lehmann) 57, 2: „Si autem sanguinem luderit, sic ut terram tangat. ...."

4) Recht der Stadt Hagenau v. 1164, cap. 16. „Si quis temeritate irritatus quempiam ibidem manu vel fuste usque ad sanguinis effusionem verberaverit . . ." (Gaupp, Stadtrechte, 1, S. 99); Murtner Stadtrecht, cap. 11: „Quicunque manu armata alii sanguinem effuderit in villa, manus in potestate et arbitrio civium est" (Gaupp a. a. O. II, S. 154). Statuten von Dortmund, cap. 9: „Si aliquis violenter alium infra muros nostros in via aut in taberna invaserit et ad sanguinis effusionem eum percusserit ...." (Frensdorff, Dortmunder Statuten, S. 24). Beispiele aus anderen Gegenden bieten die Satzung Herzog Leopolds V. für die nach Wien und Oesterreich Handel treibenden Bürger von Regensburg (Tomaschek, Rechte und Freiheiten der Stadt Wien, Bd. I, S. 1: „pro effusione sanguinis tria talenta judici componat"), auch ein steirisches Weistum in den Oesterr. W., Bd. VI, S. 404 und die waadtländischen Weistümer bei Grimm, W. V, S. 2 (Lausanne), 12 (Apples), 16 (Pully; „ille qui facit effusionem sanguinis"), 19 (Avenches; „percutere aliquam personam cum effusione sanguinis"). Das W. von St. Prex (gleichfalls aus dem Waadt) spricht von „sanguis excussus" a. a. O. V, S. 5. — Vgl. auch die Citate bei Günther a. a. O. S. 76, Anm. 6.

5) Rechte von Medebach v. 1165: „Qui autem pugno vel baculo aliquem laeserit vel percusserit, quod sanguis erumpit" (Grimm, W. III, S. 73, Westfalen). Hiermit harmoniert in der Energie des Ausdrucks das Weistum zu Hoechen (a. a. O. V, S. 701, § 22, nordwestlich von Zweibrücken), wenn es von „blutsturzonge" spricht. Die Schwabenspiegelhandschrift der juristischen Bibliothek in Zürich (Homeyer, Die deutschen Rechtsbücher des Mittelalters und ihre Handschriften nr. 731) liest in cap. 80 der Ausg. von Wackernagel „bluotregen" (Wackernagel, S. 81, Anm. 11).

zu wenig significant. „Facere effusionem sanguinis" würde dem obengenannten „blutruns machen"[1]) wörtlich entsprechen. Ebenso nahe steht der „blutruns", wie der „effusio sanguinis", der Ausdruck „fliessende Wunde"[2]). Er kehrt besonders häufig in fränkischen[3]), niederösterreichischen und tiroler[4]) Weistümern wieder. Daneben erscheint er in Schwaben und Hessen[5]).

Der Zusammenhang, in dem seitens der Quellen von „fliessenden wunden" gesprochen wird, zeigt, dass hiermit keineswegs qualifizierte Wunden verstanden wurden. Man begriff darunter einfache Blutwunden wie die „vulnera cum effusione sanguinis". Den Beweis hierfür liefert beispielsweise das Weistum des Büdinger Reichswaldes von 1380[6]):

„Ouch wo einer den andern ze tot sluge of dem walde, der hette den hals verloren . . . Ouch wer den andern wont slehet mit fliessenden wonden in des waldes friheit, der hat iglicher verwirket zehen phunt penninge dem furstmeister und yedem furster fünf schillinge penninge, wan nyeman alleine frefeln kan. Ouch wer einen slehet mit einer fuste oder mit bengeln, und ene nicht wont slehet, der sal bussen drü phunt pennynge und iglichem fürster zwenzig phennige."

Zu dem gleichen Ergebnis führt die Aufzählung der Verwundungen in zahlreichen anderen Quellen. So bestimmt das tiroler Taiding zu Latzfons und Verdings[7]):

„Item ain painschrot ist dem gericht XXV ℔ und dem, der den schaden empfecht auch XXV ℔. Item ain pogende wund

---

1) Vgl. o. S. 10 bei Anm. 7. Im Gesetze der Brokmer: „Hwasa otherem ene blodrennunde dede deth" (Richthofen, Friesische Rechtsquellen, S. 144). — Westmannalagen, I Manh. B. 20 (Collin u. Schlyter, Corpus iuris Sueo-Gotorum T. V., S. 22).

2) „Flaizziges pluot" im Weistum von Brixen (Oesterr. W., Bd. VII, S. 380).

3) Grimm, W. III, S. 531, 534, 616; VI, S. 42, 54.

4) Niederösterreich: Oest. W., Bd. VII, S. 344, 413, 431, 448, 543, 626, 640, 642, 651, VIII, S. 204, 354, 661, 791 u. ö. Tirol: Oest. W., Bd. IV, S. 3; V, S. 183, 198, 251, 362, 411, 435, 444, 448 u. ö. — Vereinzelt unter den steirischen und kärnthischen Taidingen das Banntaiding des Stiftes Heiligenkreuz in St. Peter (Oest. W., Bd. VI, S. 264).

5) Schwaben: Grimm, W., VI, S. 236. 291. Hessen: a. a. O. III, S. 879. Von „fliessenden wunden" redet aber auch ein Weistum aus Ueberlingen am Bodensee (a. a. O., V, S. 217).

6) Wetterau: Grimm, W. III, S. 429.

7) Oesterr. W., Bd. V, S. 362. Die Ausdrücke „painschrot" und „pogende wund" werden ebenso, wie der terminus technicus „plewet", im weiteren Verlaufe der Untersuchungen ihre Erklärung finden. Für „plewet" sei zunächst nur bemerkt, dass es sich dabei um einen „Blauschlag" handelt. — Für weitere Belege vgl. z. B. Oester. W., Bd. V, S. 435, 488, 763. Ueberall ist hier die „fliessende wunde" die unterste Art blutiger Verletzungen.

ist XXV, halbs dem gericht und halbs dem, der den schaden empfecht. Item ain fliessende wunden ist X ℔., halbs dem gericht und halbs dem, der den schaden empfecht. Item ein plewet ist dem gericht V ℔."

Eine „sehr nahe Verwandtschaft"[1]) der fliessenden Wunde mit der beinschrötigen Wunde liegt somit nicht vor. Wenn beide Verwundungen vom Freisinger Stadtrecht im Strafmass gleichgestellt werden, so ist dies eine durchaus singuläre Entscheidung[2]).

Nichts anderes als einfache Blutwunden sind auch die „offenen wunden"[3]). Auch sie geben in ihrem Namen lediglich dem Gegensatze zu den durch trockenen Schlag herbeigeführten Beulen und Geschwülsten Ausdruck. Nur dort, wo die Quellen die Blutrunst von der Fleischwunde trennen, entspricht die „offene wunde" der letzteren. Dort wird auch der bereits erwähnte Ausdruck „Fleischwunde" als terminus technicus verwendet. Es steht mit früheren Ausführungen im Einklang, dass wir die Belege für die beiden letzten Sätze in erster Linie im Rechtskreise des Sachsenspiegels finden[4]).

Direkte Analogieen für das „terram tangere" der Volksrechte sind mir aus mittelalterlichen Quellen Deutschlands nur wenige bekannt. In den „Statuta und ordnung des gerichts Puechenstain"[5]) heisst es:

---

1) So Günther a. a. O. S. 82 unter Bezugnahme auf das Freisinger Stadtrecht (Freyberg, Sammlung hist. Schriften und Urkunden, V, S. 195).

2) Ueberdies wird hier für die sonst qualifizierte beinschrötige Wunde die geringere Busse der fliessenden Wunde festgesetzt, nicht umgekehrt. — Für unsere Beurteilung der fliessenden Wunde: Grimm, Rechtsalterthümer, S. 629, Osenbrüggen a. a. O. S. 233.

3) In lateinischen Texten „vulnera aperta" Vgl. Freiheit von Lechenich v. 1279 (Rheinprovinz) „nisi sit de vulnere aperto, quod offenwunde dicitur" (Grimm, W. II, S. 732).

4) Vgl. oben die Citate S. 12, Anm. 2; charakteristisch sind vor allem die Schöffensprüche bei Wasserschleben, Sammlung deutscher Rechtsquellen, I, S. 137, cap. 3 und S. 216, cap. 67. Belege aus anderen Rechtskreisen siehe bei Grimm, W. II, S. 5 und II, S. 732, 733. — Das Rechtsbuch nach Distinctionen (Ortloff) spricht in IV, 4 dist. 5 und IV, 5. dist. 11 von „offenen wunden", in IV, 5, dist. 20 von „fleyszwunden" Ein Unterschied wird vom Rechtsbuch n. Distinct. zwischen beiden m. E. nicht gemacht; beide werden als gleichbedeutend behandelt. Völlig singulär ist die ziemlich unklare Gegenüberstellung in der Willkür von Eisenach, II, 5: „Fleischwunden seyn die dae gehauwen oder gestochen sein, an welchen stetten, dae sichs zu keiner wunden geziehen magk; unnd heischt darumb fleischwunden, das nicht mer dan das fleisch verwundet ist. Offene wunden ist zu mercken an solchen enden und stetten, dae sey merglich noch heimlich ist, und die weitte hadt und nicht die teyffe und doch weit. Die fleischwunde hadt die tieffe und nicht die weitte" (Ortloff, Bd. II, S. 358).

5) Die ehemals fürstlich Brixener Herrschaft Buchenstein in Tirol, im Osten an das Gericht Ampezzo, im Norden an den Gerichtsbezirk Enneberg grenzend.

„Item, als oft ainer im gericht pluetrunstig geschlagen wurdet und das pluet auf die erden felt, so die herrschaft darzue kombt oder geklagt wurdet, ist peen funf phunt perner"[1]).

Weiterhin findet sich in der Rolle von Fleckstein, einem französisch überlieferten Weistum des Kantons Bern, die ausserordentlich altertümlich klingende Bestimmung:

„.. si le coup est mos ou ensaigné fait à glaive ou baston, chabusé par manière que trois gouttes de sang cheurent à terre, le doit èsmander de 9 livres et 8 sols de la monnaie susditte."[2]).

Vielleicht forderte man anderswo in strenger Interpretation des Ausdrucks ein wirkliches Herabfliessen des Blutes, eine „effusio sanguinis defluentis" wie es im Weistum von Lausanne[3]) heisst. Sichere Zeugnisse besitzen wir jedoch hierfür, trotz der grossen Zahl einschlagender Bestimmungen, nicht. Was sich an sinnenfälligen älteren Merkzeichen auf diesem Gebiete in den mittelalterlichen Rechtsquellen erhalten hat, werden wir bei der Behandlung der qualifizierten Wunden kennen lernen. Vorher sei nur noch eines Punktes gedacht, der gleichfalls mit der Frage der Erhaltung älterer Begriffsmerkmale der Verwundung im mittelalterlichen Rechte in Verbindung gebracht worden ist:

Man findet mitunter bei Feststellung des Wundbegriffes in germanischen Quellen die Hervorhebung, dass „Wunden", die mit scharfer Waffe beigebrachten Verletzungen seien. Oft ist hierfür Grágás II, 369 citiert worden; auch Tit. XVII, 7 der Lex Salica[4]) wird als Beleg angeführt[5]). Andererseits fehlt im weitaus grösseren Teile der germanischen Quellen die Betonung des Momentes der scharfen Waffe. Es darf deshalb mindestens als zweifelhaft gelten, ob wir den Gebrauch der scharfen Waffe überhaupt als Essentiale für den Wundbegriff des germanischen Rechts betrachten müssen. Fährt doch auch Grágás II, 369 nach den Worten „þat er sár, er oddz farvegr er a eða egiar" fort: „Das ist auch

---

1) Oesterr. W., Bd. V, S. 702.
2) Grimm, W. IV, S. 453.
3) Grimm, W. V, S. 2, cap. 14. Das Stadtrecht zu Brixen spricht von „abflaizzigem pluot" (Oesterr. W. V, S. 380). Vgl. hierzu auch das Recht der Stadt Landshut in Bayern, cap. 11: „Item pro vulnere gravi stillante sanguinem .... poena est judicis III ℔ cum dimidia ℔, laeso vero III ℔" (Gaupp, Stadtrechte, I, S. 153).
4) Hessels u. Kern, Cod. 1.
5) Wilda a. a. O. S. 731, Günther a. a. O. S. 47 ff.

Wunde, wenn ein Mann schlägt, dass es aus der verletzten Stelle blutet, und was er thut, dass es aus der Stelle blutet, wo es traf." In Hinblick auf diese Feststellung verwundert es uns nicht, dass von den deutschen Quellen des 13. und 14. Jahrhunderts das Mittel der Verletzung nicht als begriffsbestimmendes, sondern nur eventuell als straferhöhendes Moment in Betracht gezogen wurde[1]. Man stellte dann Wunden, die mit und solche, die ohne „gewaffnete Hand" geschlagen werden, einander gegenüber. Man schied überdies — in dieser Beziehung zeigen sich unverkennbare Anklänge an älteres Recht — nicht selten die ehrenhaften von den unehrenhaften Waffen, und erklärte den Gebrauch der letzteren für verwerflicher und strafbarer[2].

Dieser Gegensatz von einfachen und ausgezeichneten Wunden, zu dem wir mit den eben angestellten Ueberlegungen gelangen, ist innerhalb der mittelalterlichen Quellen von ganz besonderer Bedeutung[3][4]. Eine Neuerung liegt hierin im Vergleich zum älteren Rechte nicht. Auch die germanischen Quellen stellten der einfachen Wunde die den Knochen verletzende Wunde, die Leibwunde, die entstellende Wunde u. a. m. als ausgezeichnete Verletzungen gegen-

---

[1] Ich vermag auch deshalb der Behauptung Günther's a. a. O. S. 76 bei Anm. 7 nicht beizutreten. Keinesfalls beweist seine Ansicht, dass im Mittelalter „der Begriff einer Wunde... den Gebrauch scharfer Waffen voraussetzt", der als Beleg angeführte Baseler Stadtfriede des 14. Jahrhunderts. Wird doch gerade hier gesagt: „Und heissen das verwundet, was mit messern spiessen swertern speren axen kolben gablen höwen knütteln und wamitte es vientlich oder argwenlich beschicht (Schnell, Rechtsquellen von Basel Stadt und Land, Bd. I, S. 20). Vgl. z. B. auch Hach, Lübisches Recht, S. 480 c. 211

[2] Zum Beweise dieser Sätze sei nur auf die ergiebigen Citate a. a. O. S. 76, Anm. 8, S. 77 ff. Bezug genommen.

[3] Man bezeichnet die einfache Wunde als „vulnus simplex" (König Rudolfs Freiheitsbrief für Wien vom 24. Juni 1278, cap. 12 bei Tomaschek, Rechte und Freiheiten der Stadt Wien, Bd. I. S. 44), als „ainvaltige wunde" (Herzog Albrecht II., Handfeste für Wien vom 24. Juli 1340, cap. 16, a. a. O. S. 106, auch Michnay u. Lichner, Ofner Stadtrecht, S. 141), als „schlechte (= schlichte) wunde". Für den letzterwähnten Ausdruck vgl. Weistum von Wöllstein (Rheinhessen, nordwestl. von Alzey) „ein schlecht, blutig, vnvermeisselt wundt 1 fl." (Grimm, W. II, S. 160) und die beiden niederösterreichischen Weistümer zu Truman und Kaiser-Steinbruch (Oesterr. W., Bd. VII, S. 413 u. 1048). Auch die Rechte zu Langenerringen (Bayern, 1378) bestimmen nach Aufzählung komplizierter Verwundungen: „Ain slehte wunden, die sol man bessern nach erber lüt rat vnd nach genaden" (Grimm, W. III, S. 644). Taiding des Gerichts Schlanders (Tirol) „ain schlechtigelich wunt" (Oesterr. W., Bd. IV, S. 171). Warnkönig a. a. O., Urkundenb. zu II, 1, S. 60, § 24 „die gemene wont."

[4] Keine Anerkennung fand diese Scheidung in der Reichsgesetzgebung. Unterschiedslos stand hier auf jede Verwundung der Verlust der Hand. Meyer, Stadtbuch von Augsburg, S. 115, Anm. 2, Günther a. a. O. S. 94 ff., Constit. Friderici I. a. 1152, cap. 3 (Mon. Germ. leg. S. IV, T. I, ed. Weiland, pg. 196).

über. Ja wir werden sehen, dass gerade bei der Fixierung der Qualifikationsmomente zahlreiche Erinnerungen älteren Rechts in die mittelalterlichen Rechtsaufzeichnungen übergegangen sind,

Am meisten wohl entsprach es dem Zuge unseres älteren Rechts, Wunden nach Tiefe und Länge zu beurteilen und zu werten. Es ist die sinnenfällige Weise der Feststellung, die jener Berechnung im deutschen Rechtsleben den Vorzug sicherte. Dabei waren es einfache Mittel, die als Mass Verwendung fanden. Als Einheit diente das Fingerglied:

„Item wer es sach — heisst es im Steier Weistum — das sich mann miteinander schlügen und verwundten ein gleits lang und gleits tieff unnd die wundt nit tödlich ist, so seindt sie verfallen v. gn. h. für IX ℔. heller"[1]).

Statt Länge und Tiefe nach Fingergliedern zu bestimmen, forderte man nur für die Wundlänge das Mass eines Gliedes. und verlangte für ihre Tiefe das geringere Mass eines Nagels:

„Eyne wunde dy gehawen wirt sal seyn gledes lang vnd nagels tyff unde vmme eyne sulche wunden mus eyn man antworten vmb dy hand" (Glogauer Rechtsbuch)[2]).

Die gleiche Wendung findet sich in den Magdeburger Fragen[3]), in dem Magdeburg-Breslauer Recht von 1261[4]), dem Magdeburg-Breslauer systematischen Schöffenrecht[5]), dem Kulmichen Recht[6]), im Magdeburger Weichbild[7]) und in den Goslarer Statuten[8]). Wir sehen, es sind sämtlich Quellen sächsischen Rechts, die nach Gliedes Länge und Nagels Tiefe rechnen. Es wäre jedoch unrichtig, auf Grund dieser und der in Anm. 1 zusammengestellten Citate ein Wundmass sächsicher und

---

1) Grimm, W. III, 769. Das Steier Weistum stammt aus der Gegend des Hunsrück. Gerade diese Gegend und die benachbarten Gebiete liefern uns die meisten Belegstellen für die im Text erwähnte Weise der Wundmessung. Vgl. Grimm, W. II, S, 143, 163, 166; IV, S. 726, auch W. zu Neubamberg (nordwestl. von Alzey, a. a. O., IV, S. 620) und W. zu Remich (Obermosel, a. a. O. II, S. 245). Statt „gleits lang und tieff" steht häufig „gleichs lang und tieff" oder auch die zu Missverständnissen Anlass gebende Form „gleiche tieff vnd gleiche lang" (vgl. W. zu Dörrebach von 1508, Grimm, W. II, S. 807).

2) Wasserschleben, Sammlung 1, S. 33, cap. 255.
3) III, 1, dist. 2 (Behrend, S. 181).
4) § 11 (Laband, Magdeburger Rechtsquellen, S. 15). Vgl. auch Mühler, Deutsche Rechtshandschriften des Stadtarchivs zu Naumburg, S. 41, cap. 10.
5) II, 2, cap. 13 (Laband, S. 25).
6) II, cap. 29 (Leman, S. 30).
7) Ausg. v. Daniels, XLVII, § 2.
8) Göschen, S. 31, Z. 22.

ein solches fränkischer mittelalterlicher Quellen scharf einander gegenüber zu stellen. Dem würde auf der einen Seite das niedersächsische Vogtgericht zu Hemmendorf[1]), auf der andern das Eifel-Weistum zu Ursfeld[2]) widersprechen.

Mehrfach wird der Nachdruck nur auf die Tiefe der Wunde gelegt, und nur für sie ein bestimmtes Mass gefordert. Das rheinische Weistum zu Leudersdorf von 1382[3]) handelt „von einer wunden ein fingers glieds tieff". Noch bestimmter in Hinblick auf das allein ausschlaggebende Moment der Tiefe drückt sich das Stadtrecht von Memmingen aus: „Diu frydbräch wund sol haben an dem dumen des vorder gelides Tiuffin, diu wund sie wit oder eng"[4]).

Umgekehrt begnügen sich die friesischen Quellen mit Längenangaben, ohne der Tiefe zu gedenken. Ausserordentlich häufig wird hier der „metewunde" oder des „metedolch" (der Messwunde) gedacht. Die Bezeichnung entspricht der bereits von der Lex Fri-

---

1) Grimm, W. IV. S. 655, cap. 3. Auf die Frage „wie die wunden sollen gethan sein, daruber gevhestet werden soll?" ergeht die Antwort: „im leibe gliedes lang und tief, vnd im kopfe als einem priester, der alle tage messe hält, das schwarze uf dem nagel." Vgl. zu dieser in das Scherzhafte spielenden Steigerung, die eine ganz kleine Kopfwunde zum Ausdruck bringen will, Gierke, Der Humor im deutschen Recht, S. 41 ff.

2) Grimm, W. II. S. 620: „wan sich zwen lehenmänner vf lehengutern schlügen das die wunden glidslang vnd nageltief wehren."

3) Gegenüber Andernach, Grimm, W. I, S. 831.

4) v. Freyberg, Sammlung histor. Schriften u. Urkunden, Bd. V, S. 274. — Dortmunder Stadtbuch, cap. 54 (Frensdorff, Dortmunder Statuten, S. 80): „is de wunde deyp alse van deme lede eyns mans dumen mit deme naghele uth." — Der Kreis der S. 19, Anm. 2 ff. citierten Rechtsquellen fordert Nagels Tiefe speziell bei Stichwunden, „wenne der stich bedarf keynir lenge." So Magdeburg-Breslauer system. Schöffenrecht, III, 1, cap. 11 (Laband, S. 58), übereinstimmend Kulmisches Recht III, 11, (Leman, S. 55), Glogauer Rechtsbuch, cap. 256, 261 (Wasserschleben, I, S. 34). — Zur Erweiterung unseres Quellenkreises einige weitere Belege: Nach „Nagels Tiefe" rechnet auch GutalagbXIX pr. (Corp. iur. Sueo-Gotorum VII, pg. 36). Für die Masse gestochener Wunden in den angelsächsischen Rechtsquellen siehe Aethelbirhts Gesetze, cap. 67 (Schmid, Gesetze der Angelsachsen, S. 8: „Gif ofer ynce scilling") und Aelfreds Gesetze, cap. 45 (Schmid a. a. O., S. 98: „Gif in feaxe bið wund inces lang"). Dieses „inc" ist identisch mit „uncia". In der lateinischen Fassung der Gesetze Aelfreds wird beispielsweise die eben citierte Stelle mit den Worten „Si in capillis sit vulnus longitudinis unius unciae" wiedergegeben. Noch die Leges Henrici I, cap. 94 sagen: „Qui vulnus alicui faciet ac sanguinem emendet hoc per uncias" (Schmid, S. 490; vgl. auch die Pseudoleges Canuti, cap. 10 a. a. O. S. 426). Schmid übersetzt „inces lang" und „longitudo unius unciae" mit „Länge eines Zolles". Gewiss besitzen „inc" und „uncia" die Bedeutung eines „kleinen Masses", eines „Zolles". Es wäre aber interessant, festzustellen, ob sich nicht auch die Bedeutung des Fingergliedes, die „uncia" in mittelalterlichen lateinischen Quellen besitzt (vgl. Du Cange, Glossarium, T. VIII, pg. 366), für England nachweisen liesse. Gelingt dies, so würde der Zusammenhang mit den Wundmassen deutscher Quellen noch enger hergestellt sein.

sionum gebrauchten Wendung „vulnus secundum suam longitudinem componendum" [1]). Im Hunsingoer lateinischen Texte der „Allgemeinen Busstaxen" wird „metedolch" mit „mensurabile vulnus" wiedergegeben [2]). Als Mass verwertet die Lex Frisionum tit. XXII, cap. 66—70 die Spanne Dagegen messen die Additiones Sapientum ad leg. Frision. tit. III, cap. 49—58 nach Fingergliedern. In die späteren friesischen Quellen ist nur die letzterwähnte Weise des Masses übergegangen [3]).

Alle diese Längen- und Tiefenangaben waren keine Masse, die man nur nach Augenmass, nach Schätzung anwandte. Man besichtigte nicht nur die Wunden, man schrieb vielmehr eine rechte reale Messung vor [4]) und bezeichnete sie als Vorbedingung vollgiltiger Klagerhebung und rechtmässiger Bestrafung [5]). Wurde doch diese „Prüfung der Wunden" so ernst genommen, dass Zweifel entstehen konnten, ob der Verwundete, der seiner Heilung bereits entgegenging, einer nachträglichen Feststellung des Masses widersprechen dürfe [6]).

Längen- und Tiefenmass war nicht das einzige Mittel, dessen man sich für die Wundbeurteilung bediente. Vielfach hielt man sich in den Quellen an Merkmale, die man der chirurgischen Behandlung der Wunde entnahm. Unrichtig wäre es, in diesem Beurteilungsmodus das Zeichen einer fortgeschritteneren, verfeinerten Wundbehandlung zu erblicken. Offen ersichtlich spielte dieser Gesichtspunkt hierbei keine Rolle. Was einem der Wundbehandlung ent-

---

1) Additio Sapientum ad. Leg. Frision. tit. III, cap. 49 (ed. Richthofen).
2) Richthofen, Friesische Rechtsquellen S. 82.
3) Vgl. Gesetze der Ostergoer bei Richthofen, Rechtsquellen, S. 447, 449, 456, Gesetze der Westergoer a. a. O., S. 464 und hierzu Richthofen, Altfriesisches Wörterbuch, S. 927; Gesetze der Brokmer, S. 183 (Richthofen, Rechtsquellen, S. 177, hierzu Richthofen, Wörterbuch, S. 818).
4) Für einen Chirurgen der Gegenwart ein erschreckender Gedanke!
5) W. zu Remich (Obermosel, Grimm, W. II, S. 245): „das der meyger die soll tzwen scheffen dhon biesien vnd messen" und weiter an derselben Stelle „so viell alss er der hett beschen vnd messen liess." Vgl. auch W. zu Hammerstein (gegenüber Andernach, Grimm, W. I, S. 622). — Nur gestreift sei hierbei die prozessgeschichtlich wichtige, noch nicht hinreichend beachtete Thatsache, dass sich mit diesen Wundbesichtigungen die ersten Anfänge einer strafrechtlichen Voruntersuchung verbinden.
6) Im Dortmunder Urteilsbuch nr. 147 (Frensdorff a. a. O., S. 143) findet sich der Entscheid: „Steke wey eyme unsem borgere eyne wunden, dede dat unse borgere kundich deme rede, dat men de wunde dede proven, velle dar vorsumenisse in, dat dey versche wunde nicht geprovet en worde, queme dat gherichte over veirteynachten darna unde wolde dey wunden proven, dede dey borgere des weygeringe, dey dus gewundet were, ume dat dey wunde eyns deils geheylet were, dar en dede hey nynen broke aen." Die „prove", von der hier gesprochen wird, bezieht sich auf cap. 54 des Dortmunder Stadtbuchs (citiert S. 20, Anm. 4).

nommenen Merkmale den Vorzug gab, war viel eher die erleichterte Abwägung der Wundstärke und die gesteigerte Sicherheit des Beweises: Man beurteilt die Wunde danach, ob sie „gemeiszelt"[1], „gewaizelt"[2], „geheftet"[3] wurde, ob sie eine „bindbare wunde"[4], war, ob man den Verwundeten „wercken und wicken must"[5] [6]. Allen diesen Wunden ist gemeinsam, dass sie die Anwendung besonderer Mittel erfordern, um eine Heilung herbeizuführen[7]. Was

---

1) W. von Wöllstein (Rheinhessen, Grimm, W. II, S. 160, hier wird auch daneben der singuläre Ausdruck „müssellwunde" gebraucht); W. von Bertzweiler (Rheinpfalz, Grimm, W. V, S. 658: „Item wan zwen einander schlagen in diesem gericht, das da gibt meiszel und wunden"); W. von Gerstheim (Saar, 1508, Grimm, W. II, S. 44 „meisselwunden"). — Ueber verwandte Stellen der nordgermanischen Rechte vgl. Wilda, S. 736.

2) So besonders in tiroler Weistümern: Oesterr. Weist., II, S. 108, 288, 309; IV, S. 3 (ain waizelde wunden), 164, 171 („wer ain wuntet, daz man in weizelt"); aber auch in einem schwäbischen Weistum: Grimm, W. III, S. 644.

3) Grimm, W. II, S. 153; V, S. 266, § 4 („heftwunden"); Münchener Stadtrecht, art. 405 (Ausg. v. Auer, S. 155). Vgl. auch Grimm, W. V, S. 657.

4) Grimm, W. IV, S. 526, cap. 20; V, S. 234, § 3.

5) W. zu Talfank (Hochwald, 1505): „Item welcher eynen wund sluge, das man ine wercken vnd wicken must" (Grimm, W. II, S. 126). Vgl. auch Grimm, W. I, S. 548 (Eltville, 1383), II, S. 193 (W. von Cbumb, Hunsrück), II, S. 238 Neunfagen, 1315), IV, S. 720 (Hottenbach, Idarwald), II, S. 138 (Schaurer und Brucksweiler, 1511, Idarwald: „ein wunde, die geweicket wirdt").

6) Mehrfach erscheint auch eine Verbindung zwischen den oben S. 19 besprochenen Massangaben und den Merkmalen der Wundbehandlung. Vgl. z. B. Grimm, W. II, S. 245, 382, 392 (W. zu Wulferscheid, Untermosel: „da man die wunden muss bähen und wiecken einlegen, welche eines gliedts tieff seindt"), V, S. 652; Baseler Rechtsquellen (Ausg. von Schnell) I, 133. Sehr charakteristisch für diese Verbindung ist die Declaration de Nyel (an der Grenze von Lüttich und Brabant): „Nous echevins tenons, quand quelqu'un perceroit ou frapperoit un autre à plaie à sang, où on y pourroit cacher trois èches de lin, que ceux ci seront tenus payer pour ceci 9½ florins du Rhin goedtsgeld pour le florin du Rhin" (Grimm, W. II, S. 828).

7) Regelmässig war es wohl — das werden die im weiteren Verlaufe beigebrachten medizinisch-geschichtlichen Notizen belegen — ein berufsmässiger Kenner der Heilkunde, der diese Mittel zur Anwendung brachte. Die Goslarer Statuten (Göschen, S. 31) setzen dies für die „bindbare wunde" direkt voraus; ebenso das Stendaler Urteilsbuch nr. XXX (Behrend, S. 119). Die Verkündungen zu Lossburg, Schemberg, Biechlinsberg und Renbarzow (im württembergischen Amte Zell) wählen sogar den ganz allgemeinen Ausdruck: „Item schlug ainer den andern wund, das er des artzets bedarff" (Grimm, W. I, S. 393); vgl. hierzu das tiroler Taiding von Pfunds, wo gleichfalls der Gebrauch von „waiczel oder heft" mit dem „arzaz" in Verbindung gebracht wird (Oesterr. Weist., Bd. II, S. 309). Auch das friesische „frumdolch" (Hunsingoer fries. Text der allgemeinen Busstaxen: „Thet frumdolch thrimne further thruch thene heta brond", Richthofen, Fries. Rechtsquellen, S. 96) bedeutet „Arzt-wund". In andern Quellen wird nur die Notwendigkeit der oben im Text genannten Heilmittel, nicht die Person desjenigen, der sie anwendet, betont. — Vgl. v. Amira, Nordgermanisches Obligationenrecht, Bd. I, S. 713.

ist unter den einzelnen oben aufgeführten Ausdrücken zu verstehen?

Die Ausdrücke „meiszel", „weiszel" und „wicke" besitzen gleiche Bedeutung. „Meiszel" kommt von „meiszen"[1]), schneiden, abtrennen. Es „wird dasselbe bedeuten sollen, was sich von Leinwand abtrennt, abgeschlissen wird"[2]). „Weiszel" ist Nebenform zu „meiszel"[3]). Der Ausdruck „wicke" (wike, weke, wieche), ahd. wiohha ist weit verbreitet[4]). Er erscheint im niederländischen „wick", im angelsächsischen „weoca" (daneben „wecca"), im englischen „wick"[5]). Er ist noch gegenwärtig in Teilen Deutschlands — z. B. in Hessen — unter Bewahrung seiner alten, technischen Bedeutung im Gebrauch.

Für die Erklärung der Worte „meiszel" und „wicke" steht uns ein reiches Material zur Verfügung[6]). Beide bedeuten, wie Dähnert in seinem „Plattdeutschen Wörterbuch nach der alten Pommerschen und Rügischen Mundart" sagt: „Das Karpei der Wundärzte"[7]). Es sind nach der ausführlicheren Darstellung in Lorentz Heister's „Kleiner Chirurgie" „Carpey-Bäuschlein", um „Wunden und Geschwüre offen zu halten, ingleichen reinigende und heilende Arztney darauf zu streichen und in Wunden oder Geschwüren zu legen"[8]).

---

1) Got. maitan, ahd. meizan, mhd. meizen, scindere, incidere.

2) Heyne bei Grimm, Wörterbuch VI. Sp. 1984. — Schade, Altdeutsches Wörterbuch, S. 392.

3) Grimm a. a. O., ebenso Schade a. a. O.

4) Kluge, Etymologisches Wörterbuch der deutschen Sprache, 5. Aufl. S. 406. — Schiller u. Lübben, Mittelniederdeutsches Wörterbuch, Bd. V, S. 627 unter „weke (wike)".

5) Skeat, Etymological Dictionary of the English Language, 4. Aufl. (1894). S. 561.

6) Nicht hierher gehört die von Günther a. a. O. S. 81 unter VI verwertete Stelle aus Ruprecht von Freysing II, cap. 12. Die dort genannte „mäsliche wunde" ist keine „meiszelwunde", sondern eine vernarbte Wunde." Dass es sich hier um keine Meisselwunde handelt, geht einmal aus dem Inhalte der Stelle hervor, erklärt sich aber auch vom sprachlichen Standpunkte. „Mäslich" hängt mit „mase", „masele" („der von einer Wunde herrührende Fleck", „die Narbe") zusammen. Vgl. Schmeller, Bayerisches Wörterbuch, Bd. I, Sp. 1658; Schiller u. Lübben a. a. O. Bd. III, S. 41; überdies Deutchenspiegel cap. 88 „Schuldigt er in, er hab in in gewundet, vnd ist die wunde hail, er sol beweisen die masen" (Ausg. v. Ficker, S. 90), Wirsung, Artzney Buch, S. 525.

7) Stralsund, 1781. — „Wicke" bedeutet überdies den aus Flachs gedrehten Docht. Diesen speziellen Sinn geben die Glossare für das ags. weoca, engl. wick an. In der Bedeutung „Docht" wird Wicke noch heute in Baden gebraucht.

8) S. 7. Vgl. auch S. 34: Verwendung einer „dicken Wiecken" bei Wunden im Unterleib. — Ueber Heister, einen Schüler der Ludoviciana, späteren Professor in Helmstädt, vgl. Haeser, Geschichte der Medizin (3. Bearbeitung), Bd. II, S. 555, 680. — Der lateinische, technische Ausdruck ist „turunda" (Johann Scultetus, Armamentarium

Soweit ich sehe, liegt allen einschlagenden Citaten aus dem Kreise der Rechtsquellen diese Bedeutung des Wortes „meiszel" zu Grunde. Es sei dies hervorgehoben, weil im Mittelhochdeutschen noch ein anderer chirurgischer „meiszel" vorkommt. Er ist das „Eisen des Wundarztes", die Sonde, im Diminutivum „meiszlin" (meiszellin) — eine Bedeutung, in der „meiszlin" beispielsweise in Brant's Narrenschiff 38,16 gebraucht ist. In den gleichfalls Brant's Narrenschiff entnommenen Versen:

„Ein schorer meiszelt, schydt die wund,
do mit der siech bald werd gesunt",

besitzt „meiszeln" dagegen den S. 23 angeführten Sinn[1].

Rührend klingt es in der „Liebeserklärung" in Lassberg's Lieder-Saal[2]:

„Maissel dez wunden hertzen myn,
Dich grüsst der sende diener din",

und im Engelhart des Konrad von Würzburg:

„daz ime wart gegeben hie
sô tief ein minnen wunde
daz si verheilen kunde
kein salbe noch kein weizel"[3].

Unsere Rechtsquellen würden — wollten wir uns auf diese poetischen Zeugnisse beschränken — für die „meiszelwunden" keine fördernde Erklärung finden. Nur die ältere medizinische Literatur selbst kann sie uns bringen:

Der gelehrte Bruder des deutschen Ordens Heinrich von Pfolspeundt schreibt[4] in seinem „Buch der Bündth-Ertznei" (1460): „Szo du in der wunden alsho gesucht hast, szo mache ein wicken ader meiffselnn von reinem flachs ader hanff[5] .... vnnd wen du denn wicken hast gemacht vnder das erste bandt, szo mache

---

chirurgicum, Francof. 1656, pg. 77). daneben: „linamentum, ein weke, den man in de wunde steckt" (Nath. Chytraeus, Nomenclator Latino-Saxonicus, Rostock, 1604).

1) Grimm, Wörterbuch, IV, Sp. 1984. Vgl. a. a. O. auch ein charakteristisches Citat aus Jacob Ayrer's Fastnachtsspielen.
2) Bd. I (1846), S. 39.
3) Ausgabe von M. Haupt (1844) V. 1922 ff.
4) Veröffentlicht von Haeser und Middeldorpf 1868 als „Buch der Bündth-Ertznei von Heinrich von Pfolsprundt." Den richtigen Namen „Pfolspeundt" und seine Zugehörigkeit zu dem adligen Geschlechte von Pfalspeint weist Muffat in den Sitzungsberichten der Akademie der Wissenschaften zu München 1869, S. 564 nach. Pfolspeundt's Werk besitzt — abgesehen davon, dass es die älteste uns bekannte Arbeit eines oberdeutschen Arztes ist — auch sprachwissenschaftliches Interesse. Vgl. Haeser a. a. O. Bd. I, S. 788 ff.
5) Vgl. Gothaer Arzneibuch fol. 28a, 28b (citiert bei Schiller u. Lübben a. a. O. V, S. 657 ff.

in so langk, das er schir vff den grundt gee, doch nicht gar¹), vnnd mache inn nicht mith dem grosten, vff das er gern in die wunden gee²). vnnd stos den alweg in das rofsen öll ehe du inn in die wunden stofhses." Eine ausführliche Belehrung „Von den meysseln und fäselin so mann in die wunden braucht" giebt ferner Walther Ryff in seiner vielgebrauchten „Gross Chirurgei oder vollkommenen Wundartznei"³). Des Christophorus Wirsung „Artzney-Buch" rät: „Bestreich auch den meissel mit der Salb Apostolorum oder Aegyptiacum, die beyde wunder taugenlich seind, die Schaden, vnd Wunden offen zu halten vnd zu reinigen"⁴). Das „Feldbůch der wundartzney" des „Mayster Hans von Gersdorff genant Schilhans, burger vnd wundartzet zu Strassburg" führt für „die meysselen vnnd das den stich weitter machet" ein untrügliches Rezept aus „entzion, eselskürbs, naterwurtz, ein stücklein von eynem dürren schwam, attich marck, holdermarck" auf⁵). Aehnlich, wenn auch einfacher, lautet die Anweisung über „meysseln oder weichenn in der weit verbreiteten „Chirurgia, das ist handwürkung der wundartzney" des Hieronymus Brunschwig⁶).

Ueber die von den Rechtsquellen gebrauchten Ausdrücke „heften" und „binden" kann im Zusammenhange der Wundbehandlung ein Zweifel nicht aufkommen. Die Schliessung der Wunde durch Nähte reicht weit zurück. Sie ist auch trotz des Paracelsus heftiger Angriffe⁷),

---

1) Vgl. „Bok der Arstedie" (Lübeck, 1484) fol. 79: „Vnde steke cyne weken in de wunden zo du depste kanst." Ortolph, Arznaybuch (Ausgabe von 1488): „Treib den maissel in die Wunden so du best magst." Siehe auch das Citat aus dem handschriftlichen Rostocker Arzneibuch (15. Jahrh.) fol. 24b (aufgeführt bei Schiller und Lübben a. a. O].

2) Immerhin ist Pfolspeundt, wie aus den Ausführungen seines Werkes S. 61 hervorgeht, nur für eine beschränkte Anwendung der Meissel und Wicken.

3) Frankfurt a. M. (1559), Bl. LXXXVIb, LXXXVII. Vgl. hierzu Haeser a. a. O. Bd. II. S. 157 ff.

4) 1568. S. 524, § 9 „Von Meifslen". — Für diese Meissel zur Erweiterung der Wunde verwendete die Heilkunde den besonderen Namen „Quellmeissel." Vgl. Gersdorff an der in der folgenden Anm. citierten Stelle Bl. XXIII; auch Minderer, Medicina militaris, Augsburg 1620, pg. 162.

5) Bl. XXIV der seltenen Originalausgabe. Gersdorff verwertet den Ausdruck „meysselen" als medizinischen terminus technicus, obgleich er das abgeschlissene Leinenstück durch anderes Material ersetzt. — Für die Persönlichkeit Gersdorffs (Ende des 15. Jahrh.) vgl. Haeser a. a. O. Bd. II. S. 162 ff.

6) Nach der Ausgabe von 1539 (Augsburg). Ueber Brunschwig, „den Führer der Strassburger Wundärzte", vgl. Haeser, II. S. 158.

7) Vgl. die „Chirurgischen Bücher und Schriften Philippi Theophrosti Bombast von Hohenheim Paracelsi genandt, herausgeg. durch Johannem Huserum", Strassburg 1618, S. 13, cap. 14: „Wie hefften kein Nadel sey, sonder die Artzney ist die Nadel." — Vgl. für Paracelsus: Haeser a. a. O., S. 71 ff.

die im derben, polternden Tone einer Streitschrift der Reformationszeit erklingen, von den späteren Jahrhunderten beibehalten worden. Eingehend sind die Anweisungen über die rechte Art des Heftens, die man als besondere Kunst betrachtete, in den medizinischen Werken [1]).

„Bindbare wunden" — der Ausdruck leitet unmittelbar darauf hin — sind solche, die des Verbandes bedürfen. Auch hierfür bestanden sorgsam gepflegte Regeln der Kunst. Gern griff man in der gelehrten, medizinischen Literatur für diese Fragen auf arabisches Vorbild zurück [2]).

Auffallen könnte es, dass nirgends ein Anklang an die Weise der Beurteilung und Behandlung einer Wunde, wie sie Lex Alamannorum LVII, 33, 34 [3]) zeigt, in den mittelalterlichen Quellen erscheint. „Si manum transpunxerit — sagt das alamannische Volksrecht — ita ut focus non intrat ad coquendum venas vel sanguinem stagnandum, conponat solidum unum et semis. Si autem ferrum calidum intraverit ad stagnandum sanguinem cum 3 solidis conponat" [4]). Keine mittelalterliche deutsche Rechtsquelle weist eine ähnliche Bestimmung auf. Keine der mir bekannten Rechtsaufzeichnungen nimmt überhaupt auf die Verwendung des Glüheisens als blutstillenden Mittels Bezug. Nicht unmöglich ist es, dass aus Lex Alamannorum LVII, 33, 34 die Erinnerungen an römische ärztliche Kunst, die sich im Süden und Westen des Alamannengebietes, am Rhein und an der Donau, erhalten hatten, sprechen [5]). In welchem Umfange spätere Jahrhunderte in Deutschland mit dem Glüheisen und seiner chirurgischen Ver-

---

1) Beispielsweise sei auf Hieronymus Brunschwig's Chirurgia, Bl. XIII oder auf Ryff's Grosse Chirurgei, Bl. LXXXV ff. („Notwendiger bericht der hafftung in frischen wunden") verwiesen. Eine genaue Anweisung giebt ferner Heinrich von Pfolspeundt S. 28, 55 (Ausg. von Haeser u. Middeldorpf), fügt aber hinzu „aber ich hefft selden ein wunden, ich heil sie meist all vngehefft." Von späterer Literatur kann Johannes Jessenius von Jessen, Anweisung zur Wund-Artznei, Nürnberg 1674, S. 89 ff. angeführt werden.

2) Vgl. Ryff a. a. O. Bl. LXXXIV: „Wie mann frische wunden zu gründlicher Cur recht vnd meysterlich binden sol." — Johannes Jessenius von Jessen a. a. O. S. 77 ff.

3) Nach der Zählung des Codex A; LXV, 5, 6 nach der Zählung des Codex B.

4) Monum. Germ. leg. s. I, tom. V (ed. K. Lehmann) pg. 122, 123. Verwandt ist Lex Baiuwariorum, VI, 4: „Si in eo vena percusserit, ut sine igne stagnare non possit, quod adargrati dicunt." Die Einwirkung des alamannischen Vorbildes ist hier, wie in zahlreichen anderen bayerischen Wundbestimmungen, unverkennbar.

5) Der medizinische Inhalt von L. Alam. LVII, 6 und 7 unterstützt m. E. diese Auffassung.

wendung bekannt waren, ist bisher unaufgeklärt[1]). Wie es scheint, führten in Deutschland während des Mittelalters blutstillende Mittel anderer Art die Herrschaft. Neben und in Verbindung mit Heften, Meisseln und Kompressionen waren es blutstillende Salben und Pulver[2]) mannigfachster Zusammensetzung. Auch an abergläubischen Gebräuchen und Besprechungen fehlte es nicht[3]). Wenn daneben unter arabischem Einflusse das Glüheisen in Deutschland grössere Verbreitung fand[4]), so wirkte seine Verwendung jedenfalls nicht so stark, dass sie auf das Rechtsleben Einfluss gewinnen und die alteingebürgerten volkstümlichen Wundproben und -schätzungen verdrängen konnte. Diese Verhältnisse mögen hinreichend den vollständigen Mangel einer Erwähnung der alamannischen Eisenprobe in den mittelalterlichen deutschen Rechtsquellen erklären[5]).

Länge und Tiefe der Wunden, bezieh. die Notwendigkeit einer chirurgischen Behandlung der erlittenen Verletzungen, wurden oben als Mittel ihrer rechtlichen Beurteilung bezeichnet. Strafart und -mass waren das äussere Kennzeichen der Wundschätzung. Beides zeigt sich in einem Teil der sächsischen Stadtrechtsquellen vor allem darin, dass nur Wunden „von rechter Länge und Tiefe" zum

---

1) Die ziemlich umfangreiche Dissertationenliteratur über Kauterisation fördert diese Frage nicht. Die einleitenden geschichtlichen Ausführungen geben mit seltener Uebereinstimmung immer von neuem die gleichen Mitteilungen wieder.

2) Es sei nur auf das von Heinrich von Pfolspeundt in seiner „Bündth-Ertznei" (vgl. oben in Anm. 4, S. 24) mit grossem Ernst und Nachdruck anempfohlene blutstillende Pulver hingewiesen. Es besteht aus zerkleinertem Leinenzunder zusammen mit „swein dreck vnnd effsel dreck, des thu gleich vill tzw szamen, vnd bren das auch tzw puluer in einem topff. vnd stos alle drei stücke klein, vnnd misch glich vill tzwssamen, doch ap ein teil mehr werden, das ander das schadt an dem nicht. mith dem vorstelt man das bluedt." Zur Besserung des Pulvers wird überdies „moefs der vff den todenn beinen wechst" angeraten. Dabei hat Pfolspeundt von Ligatur oder Kauterisation offenbar keine Kenntnis. Vgl. Haeser und Middeldorpf, S. XXIV ff. — Siehe auch A. Schulz, Das höfische Leben zur Zeit der Minnesinger, Bd. 1 (2. Aufl.), S. 201, Anm. 6, S. 202.

3) Vgl. z. B. den Wundsegen in der Rechtshandschrift des germanischen Museums nr. 28909, den der Anzeiger für Kunde der deutschen Vorzeit 1873, S. 262 ff. veröffentlicht. — Parzival (507, 21): „Gâwân die wunden verbant Mit der frouwen houbtgewant, Er sprach zer wunden wunden segn."

4) Vor allem ist es Avicenna, der berühmteste der arabischen Aerzte, der hierin seinen Einfluss auf die Entwickelung der Chirurgie des Abendlandes übte. Vgl. Haeser, Geschichte der Medizin, I, S. 584 ff. Gelegentlich sei daneben auf Albucasis (arabische und lateinische Ausgabe von Channing, Oxford 1778), I, pg. 15—105 (de ustione) verwiesen.

5) Für die deutsche medizinische Literatur aus dem Ende des 15. und aus dem 16. Jahrhundert bieten Brunschwig a. a. O. Bl. XVII und Ryff a. a. O. Bl. XXVI Belege. — Für die nordgermanischen Rechtsquellen vgl. v. Amira a. a. O. II, S. 850.

Kampfesgruss und damit zu peinlicher Verfolgung berechtigten [1]).

„Euwir froge ist: Wy unde in welchir wisze wunden unde bloslege kampfwirdig mogen syn .... Hiruff sprechin wir scheppin zcu Magdeburg recht: Fleischwunden dy nagils tiff sint unde gledis lang, unde wunden an deme houbte ouch gledes lang und bloslege, dy lempnisse brengen, helt man kampfwirdig [2])."

Im gleichen Sinne spricht sich u. a. ein instruktives Urteil der von Wasserschleben veröffentlichten „Sammlung von Schöffenurteilen aus der Dresdener Handschrift" [3]), ebenso eine Stelle der Goslarer Statuten aus [4]). Uebereinstimmung besteht jedoch in diesen Fragen der „kampfwürdigen wunden" im Quellenkreise des sächsischen Rechts keineswegs. Gestattet doch — um nur eins anzuführen — der Sachsenspiegel im besonderen Falle den Thäter selbst wegen einer „bludegen wunde ane vleischwunde" mit Kampfe zu grüsssen [5]).

---

[1]) Vgl. hierzu Homeyer, Richtsteig Landrechts, S. 446; Planck, Das deutsche Gerichtsverfahren des Mittelalters, Bd. I. S. 787 ff. — Voraussetzung des Kampfgrusses war, dass die Anschuldigung wegen Friedbruchs erhoben wurde. Osenbrüggen (a. a. O. S. 235) und Günther (S. 82) haben deshalb Recht, wenn sie die „friedbrech wunden" zahlreicher süddeutscher Rechtsquellen in Parallele zu den „kampfwürdigen wunden" stellen. Die Quellenausdrücke sind mannigfaltig. Bald wird von „kampfirwunden" (kampferwunden, kampir-, kamperwunden) gesprochen (so Magdeburger Fragen, I, 2, dist. 2, 12, 15, 28, I, 9 dist. 6, II, 2 dist. 21, III, 1 dist. 2, 3, 4, 5, 6, III, 4 dist. 3, III, 8 dist. 3), bald von „kampfar wunden" (so Hallische Schöffenbücher, V nr. 1395, Hertel, II. S. 418) oder „kampordighen wunden" (Goslarer Statuten, Ausg. von Göschen, S. 62, 89).

[2]) Magdeburger Fragen, III, 1, dist. 2 (Behrend, S. 181).

[3]) Sammlung deutscher Rechtsquellen I, S. 216, cap. LXVII. Der Kläger hat drei Klagen erhoben. Die erste „ummb eyne blutige offin wundin", die zweite „ummb eyne blutrunst", die dritte „ummb eynen hauszfrede." Zu der zweiten Klage wird bemerkt: „Sintdemmal das die scheppen eyne slechte offene wunde bekant haben die sie an hans iunger geschn habin unde wedir tyffe noch weyte noch lenge nicht gesayt habin, und die obirnechtig worden ist und hat die offene wunde mit shlechtir clage geclagt hat burgelich und nicht peynlich noch nicht kampfhertig gemacht hat alzo recht ist und yn frischer that nicht begriffen ist was her dorummb leyden zulle das wil her bey rechte bleybin." Vgl. dann weiter S. 217 ff.

[4]) Ausgabe von Göschen, S. 62, 304 ff. — Mit der Schwere der Strafe für Wunden von bestimmter Länge und Tiefe hing es anderwärts auch zusammen, dass das Wundmass im einzelnen Falle die gerichtliche Zuständigkeitsfrage regelte. Vgl. z. B. W. von Roxheim und Braunweiler (in der Nähe von Kreuznach), Grimm, W., IV, S. 726, cap. 3.

[5]) Ssp. I, 68, § 3. Siehe hierzu Homeyer und Planck an den oben Anm. 1 citierten Stellen.

Ueberblicken wir die für Meissel- und Heftwunden ausgeworfenen Strafen, so finden wir, dass beide Wundarten überwiegend zu den qualifizierten Wunden gerechnet werden. Nach dem Ulmer Stadtrecht musste derjenige, der einem Anderen eine fliessende Wunde schlug, dreizehn Wochen von der Stadt sein. War es eine Meisselwunde, so währte die Verbannungszeit ein halbes Jahr[1]. Im Weistum von Chumb[2] büsst der Thäter, der „einem eine blutige wunde hewet oder schläget" neun Pfund Heller. Ist es „ein wunde, welche man wicken muss", so wird der Thäter mit achtzehn Pfund gestraft. Die Ordnung für das Gericht Melbach belegt den, der einen Anderen „steche ader verwont, ... das nicht heftwonden wern" mit einer Busse von 5 Pfund Heller; sind es „schwerliche heft ... wonden", so ist die „groste bues 15 *ll*. hlr."[3] Noch stärker ist der Unterschied in tiroler Taidingen. In der Lantsprache des Gerichts Glurns wird eine fliessende Wunde mit 5 *ll*., eine Meisselwunde mit 25 *ll*. gebüsst[4]. Im Lechthaler Taiding stand auf die fliessende Wunde sogar nur 4 *ll*., auf die Meisselwunde 50 *ll*.[5]

Andererseits darf nicht verkannt werden, dass Meissel und Heft, wie in den schwedischen und dänischen Rechtsquellen[6], nicht selten nur als charakteristisches Merkmal der vollen und rechten Wunde galt und damit den qualifizierten Wunden gegenübergestellt wurde. Einen treffenden Beleg hierfür liefern Weistümer des engeren Gebietes zwischen Queich, Lauter, Nahe und Rhein. In den Weistümern von Ebernburg, von Schiersfeld und von Bertzweiler[7] wird für Wunden, „die man heften und meiseln muste", die Busse von 9 Pfund Hellern festgesetzt. Die gleiche Busse von 9 Pfund Hellern erscheint aber in benachbarten und verwandten Weistümern als niedrigste Wundbusse dafür, dass sich „zwen schlügen und blutige wunden machten"[8]. Zu demselben Ergebnis gelangen wir, wenn wir die zahlreichen Weistümer ins

---

1) Jäger, Schwäbisches Städtewesen des Mittelalters, Bd. I, S. 309.
2) Südöstlich von Castellaun, im Hunsrück (Grimm W. II, S. 193).
3) Wetterau, 1475 (Grimm, W. V, S. 266, § 4).
4) Oesterr. Weist., Bd. IV, S. 3.
5) Oesterr. Weist., Bd. II, S. 108. Vgl. auch a. a. O. Bd.IV, S. 164 und 171. Die Auffassung der Meisselwunde als einer qualifizierten Wunde zeigt sich auch darin, dass man ihr gelegentlich die „beinschrötige Wunde" (vgl. unter S. 32 ff.) direkt gleichstellte. Grimm, W. V, S. 54.
6) Wilda a. a. O. S. 736.
7) Grimm, W. V, S. 652 § 5, S. 657, § 3, S. 658, § 4.
8) Vgl. z. B. W. zu Katzenbach (Grimm, W. V, S. 666, § 8); W. zu Hochstetten (a. a. O. V, S. 644 § 12); W. zu Mannweiler (a. a. O. V, S. 667, § 7).

Auge fassen, in denen als einzige Art der Körperverletzung nur der trockene Streich auf der einen, die Meissel- oder Heftwunde auf der anderen Seite genannt werden[1]). Besteht somit in der strafrechtlichen Beurteilung der Meissel- und Heftwunden von seiten der Quellen keine Einheit, so giebt es bestimmte Wundkategorieen, über welche Einstimmigkeit in der rechtlichen Behandlung herrscht. Dies sind die „bogenden wunden", die „beinschrötigen wunden", die „ferchwunden". Bei allen handelt es sich — das sei vorausgeschickt — um qualifizierte Wunden. Den Beweis hierfür sollen Einzelbelege erbringen.

Die „bogende wunde", „pogwunde", „pokwunde", ompogwunde"[2]), „ain wunden pogents pluet"[3]) ist ihrer sprachlichen Bedeutung nach diejenige Wunde, aus der das Blut „in Bogen springt". Ein grösseres Blutgefäss ist getroffen, ein starker Blutverlust die Folge. Wehrt man dem springenden Blute nicht, so droht die Gefahr der Verblutung. Der Ausdruck selbst ist im Mittelalter auf Süddeutschland beschränkt. Vor allem sind es tiroler Taidinge, die ihn enthalten[4]); daneben einige bayerische Rechtsaufzeichnungen, wie die von München und Augsburg[5]). In norddeutschen Quellen ist er mir nicht begegnet. Wir finden ihn nur in isländischen Aufzeichnungen als „bloðbogi", Blutbogen[6]), wieder.

Am reinsten hat sich der Grundbegriff der „bogenden wunde" in Rechtsquellen aus Tirol erhalten. Ausserordentlich häufig wird hier die „bogende wunde" der „fliessenden wunde" gegenübergestellt. Dabei kommt im Strafmass zum Ausdrucke, um wie viel strafwürdiger man die „bogende wunde" im Vergleich zur „fliessenden wunde" ansah. Das Taiding von Weerberg sagt:

„Item wer ainem ain fliessente wunten schlögt, ist verpoten bei finf pfunt perner, ain pogne wunden bei finf und zwainzig pfunt perner"[7]).

---

1) Als Beleg sei, ausser auf die in Anm. 7, S. 29 citierten Weistümer, auf Grimm, W. II, S. 126, 138, 153; VI, S. 377 verwiesen.

1) Für den zuletzt erwähnten, durchaus singulär auftretenden Ausdruck, vgl. das tiroler Taiding von Söll (Oesterr. Weist., Bd. I, S. 57).

3) Taiding zu Heunfels, Oesterr. Weist., Bd. V, S. 561. „Pogentzblut" Monum. Boica T. VIII, pg. 519, 534.

4) Oesterr. Weist., Bd. I, S. 255, Anm. **; V, S. 98; S. 570; siehe überdies die Citate der beiden vorhergehenden Anmerkungen.

5) Vgl. die Citate S. 31, Anm. 2 und S. 32, Anm. 1.

6) Vgl. Cleasby-Vigfusson, Icelandic-English Dictionary (Oxford, 1879) unter „bloðbogi" (mit mehreren Belegen), auch Johann Fritzner, Ordbog over det gamle norske Sprog S. 57.

7) Oesterr. Weist., Bd. I, S. 174.

Im Taiding zu Heunfels ist der Abstand sogar noch grösser. Der Thäter büsst hier die „fliessende wunde" mit 5 ℔., die „bogende wunde" mit 50 ℔.[1]).

Nicht ohne Interesse ist es, in anderen Quellen die allmähliche Abblassung des Grundbegriffs der bogenden wunde zu verfolgen. Die „bogende wunde" erscheint zwar fortdauernd als qualifizierte Verletzung, man hat jedoch vergessen, was ihr Name anfänglich bedeutete: „Ain bogende wunde — so erklärt ein Nachtrag zum Stadtrecht von Augsburg – ist die man waitzlen oder heften muz und die man gewaerlich nicht geheilen mak an den artzat"[2]). Die Strafe ist nach Augsburger Recht die der höchsten Wundbusse, welche die Verwundung „mit gewafentiu hand" nach sich zieht. „Gewaffnete Hand" selbst im technischen Sinne wird zur „bogenden wunde" nicht vorausgesetzt, denn art. XLIX des Stadtrechts, zu dem der ebencitierte Nachtrag die Erläuterung bieten soll, sagt ausdrücklich: „Sleht aber iemen den andern mit cholben oder mit schitern oder mit swiu er in sleht daz ez ein bogendiu wunde heizzet, der ist der buzze schuldic als umbe die wunden als davor geschrieben stat"[3]). Es ist also hier nicht das Mittel der Verletzung, welches die Wunde zur bogenden werden lässt. Vielmehr ist es allein die Art, die Schwere der Verwundung, welche den Begriff der bogenden wunde ergiebt. Welche Art der Verletzung hierbei gefordert wird, sagt art. XLIX des Stadtrechts selbst nicht. Unmöglich wäre es deshalb nicht, dass der Schreiber des Art. XLIX noch den alten Grundbegriff mit der bogenden wunde verband. Der Schreiber des Nachtrags rechnete mit diesem Grundbegriff sicher nicht mehr; er legt vielmehr den Nachdruck auf die erforderlichen Mittel chirurgischer Behandlung, die wir oben kennen gelernt haben. In dem gleichen Masse, wie in dem Nachtrag zum Augsburger Stadtrecht, verblasst der Grundbegriff der bogenden wunde im Landrecht König Ludwigs von Bayern von 1346 und im Münchener Stadtrecht. Das Landrecht König Ludwigs sagt in cap. 169[4]): „Da ainer den andern wunt

---

1) Oesterr. Weist,. Bd. V, S. 561. Daneben kommen andere Strafabstufungen vor: Vgl. a. a. O. Bd. I, S. 142 (Stumm), Bd. V, S. 362 (Latzfons und Verdings: 10 und 25 ℔), S. 435 (Sterzing: 25 und 25 ℔), 411, 448.

2) Ausgabe von Meyer S. 115.

3) Meyer a. a. O. Den im Text citierten Worten geht voraus: „Nu sol man wizzen waz gewafentiu hant si; daz ist ein swaert, ein mezzer, ein acxes, ein spaer, ein helmbarte unde elliu geschoz." Der sich unmittelbar anschliessende Satz: „Sleht aber iemen" u. s. w. kündigt sich bereits durch sein „aber" als Gegensatz an.

4) v. Freyberg, Sammlung historischer Schriften und Urkunden, Bd. IV, S. 446.

mit scharffem ort, daz sichtig pogwunten sint . . . .", und stellt diese Bestimmung unter die Ueberschrift „umb fliezzent wunten" Auch in cap. 170 wird — das deutlichste Zeichen dafür, dass man den Ausdruck „pogwunte" nicht mehr verstand — von „sichtig fliezzent pogwunten" gesprochen. Das Landrecht fügt, wie in cap. 169, hinzu: „die mit scharffem ort geschehen sint". Das ausschlaggebende Moment wird demnach im Landrecht König Ludwigs in der Verletzung „mit scharffem ort" gefunden. So fasst auch das Münchener Stadtrecht art. 405 die „bogende wunde": „Pogwunden sind, die man macht mit swerten, mit mezzern oder mit anderen waffen, die schneid oder örter habent"[1]. Das Stadtrecht weist überdies in unmittelbarem Anschluss an die oben citierten Worte auf „painschrot" und „heften" hin, sowie darauf, dass die Wunden „gestochen wunden sind", ohne aber recht erkennen zu lassen, ob und inwieweit diese Merkmale zu den notwendigen Erfordernissen der „bogenden wunde" gehören sollen.

Für die zweite Gruppe der S. 30 aufgeführten qualifizierten Verletzungen erscheinen, neben der Bezeichnung „beinschrötige wunden"[2], die Ausdrücke „painschröt wunden"[3], die substantivische Form „painschrot"[4], gelegentlich auch das kurze „schrot"[5]. In Quellen Magdeburger Rechts wird von „verschrotung"[6] gesprochen, in verneinender Form von einem Schlag „uf syn houbt unvorschrotin beynis"[7]. Wörtlich entspricht dem „painschrot" das „benskredene" der friesischen Rechtsquellen[8].

---

1) Ausgabe von Auer, S. 155.

2) Im Maiengericht zu Oberampferach (Franken, 15. Jahrh.) wird auch die Form „beynschrottig wunde" gebraucht.

3) Z. B. Oesterr. Weist., Bd. I, S. 255, II, S. 288; daneben a. a. O. Bd. V, S. 561 „painschretig wunden". S. 616 „painschretig schlagen".

4) So Oesterr. Weist., Bd. V, S. 198, 362, 435.

5) Münsterthal (Tirol, 1427): „Item kain pruch und kain schrot und waize wunde, daz ist alles fünfzig ℔, alz oft ain wunden" (Oesterr. Weist., Bd. IV, S. 345).

6) Magdeburg-Breslauer systematisches Schöffenrecht III, 1, cap. 6 (Laband, S. 56), Kulmisches Recht, III, 6 (Leman, S. 53).

7) Siehe die Quellen in der vorangehenden Anmerkung III, 1, cap. 7 (Laband, S. 56) und III, 7 (Leman, S. 53).

8) Busstaxen der Rüstringer (bei Richthofen, Rechtsquellen, S. 120), Recht der Rüstringer aus einer Handschrift von 1327 bei Richthofen a. a. O., S. 537. Ueber die Form „bensechtig" (Gesetze der Emsiger) vgl. Richthofen, Altfriesisches Wörterbuch, S. 624. Richthofen schwankt in der Auslegung. Gelegentlich sei hierbei auf das „bensetich" des Ostfriesischen Landrechts, Bd. III, 60 (dat de Huit van der Wundinge an de Knacken gewassen sy") aufmerksam gemacht.

Schon aus diesen Zusammenstellungen ergeben sich Schlussfolgerungen auf das weitgedehnte geographische Verbreitungsgebiet aller dieser Ausdrücke. Am grössten ist die Zahl der einschlagenden tiroler Quellen [1]). Daneben finden wir Quellen aus Bayern [2]), Schwaben [3]), Franken [4]), aus dem Oberelsass [5]). Aber auch die mittel- und norddeutschen Quellen fehlen nicht [6]). War doch der Ausdruck „beinschrötige Wunde" in der Rechtssprache so eingelebt, dass ihn noch das Rostocker Stadtrecht vom Jahre 1757 gebrauchte [7]).

Die sprachliche Unterlage für den ersten Teil des Wortes „beinschrötig" bildet „bein" im Sinne von „Knochen" [8]). Dem zweiten Teile liegt das Verbum „schroden", „schröten", zerschneiden [9]), dividere rumpendo, secando" [10]) zu Grunde. Es handelt sich demnach um Verletzungen, die in den Knochen selbst eindringen, ihn spalten, zerplittern. Zutreffend giebt das Wörterbuch der Gebrüder Grimm „beinschröte" mit „laesio, incisio ossis" wieder [11]).

Diese sprachlichen Erklärungen werden durch die Quellen voll bestätigt. Das Ehehaft der Vogtei Mühldorf und der Hofmark Altenmühldorf spricht von „anstechlich painschröt ... so in den kopf beschüht dadurch ainem das pain im kopf zerschifert

---

1) Vgl. S. 32 die Anmerk. 3, 4, dazu noch Oesterr. Weist. Bd. IV, S. 4, 345, V, 198, 211, 380, 411, 448, 483, 616, 753. Auch in Salzburger Taidingen fehlt es nicht an Stellen; vgl. z. B. a. a. O. Bd. III, S. 310, 345, 346. In steirischen und kärnthischen Taidingen finde ich den Ausdruck „painschrot" oder eine ähnliche Bezeichnung nicht, ebensowenig in Weistümern Niederösterreichs.

2) Grimm, W. III, S. 644, 661; Rechtsbuch des Ruprecht von Freising II, cap. 10 (Ausg. von Maurer, S. 246), Münchener Stadtrecht, art. 405 (Auer S. 155).

3) Grimm, W. VI, S. 291.

4) A. a. O. III, S. 616.

5) A. a. O. V, S. 342.

6) Vgl. S. 32, Anm. 6, 7, dazu überdies Wasserschleben, Rechtsquellen, I, S. 352, cap. 199.

7) IV, 4 cap. 11: „Würde einer also gestossen und verwundet, Beinschrötig oder dass daraus Lähmniss erfolget" (nach der Originalausgabe). — Vgl. auch Frankfurter Reformation, X, 4, cap. 3.

8) Grimm, Wörterbuch, Bd. I, Sp. 1381.

9) Schiller u. Lübben a. a. O. Bd. IV, S. 140.

10) Haltaus, Glossarium, Sp. 124.

11) Wörterbuch, Bd. I, Sp. 1388; auch Grimm, Rechtsalterthümer, S. 629. Uebereinstimmend Haltaus l. c. „beinschrötige wunde, vulnus, quod ossa frangit et comminuit."

oder zergenzt ist, dergleichen so ainem ein spindl oder rern in ainem arm oder schenkl zerspalten oder abgehauen ... würdt"[1]). Nicht anders fasst das Magdeburg-Breslauer systematische Schöffenrecht die „verschrotunge des beynis" auf[2]). Auch die ältere medizinische Literatur verwendet den Ausdruck „beinschrötig" im Sinne einer Verletzung des Knochens[3]).

So gefasst, repräsentiert die beinschrötige Wunde und ihre Bestrafung keine Neubildung der mittelalterlichen Rechtsquellen. Sie steht vielmehr in unmittelbarem Zusammenhange mit den zahlreichen Bestimmungen über Knochenverletzungen in den germanischen Rechtsaufzeichnungen[4]). Im Einzelnen ergiebt ein Vergleich mit den germanischen Rechtsquellen, dass die mittelalterlichen deutschen Rechtsaufzeichnungen weit überwiegend von beinschrötigen „Wunden"[5]) sprechen. Sie setzen demnach eine blutende Verletzung voraus, die ins Fleisch eindringt, bis zum Knochen reicht und letzteren selbst angreift. Dass diesen Verletzungen Knochenverletzungen mit „trockenem Schlag" gleichstehen sollen — wie die Grágás ausdrücklich bestimmt[6]) — kommt in den mittelalterlichen deutschen Quellen nicht zum Ausdruck. Man müsste denn die Wendungen „painschretig schlagen"[7]), „paynschrött machen"[8]), die gelegentlich gebraucht werden, als absichtlich gewählte allgemeinere Bezeichnungen auffassen[9]).

Oft betont ist für die germanischen Quellen im Zusammenhange der beinschrötigen Wunden „der Knochenklang"[10]). Auf einen

---

[1] Grimm, W. VI, S. 175; auch Oesterr. Weist., Bd. III (Salzburg), S. 346.

[2] III, cap. 7 (Laband, S. 56): „Wirt auch eyn man gestochin adir gehauwin obin uf syn haubt vnvorschrotin beynis alzo das czwischin beyn vnd swarte dy wunde sich besyte ..."

[3] Vgl. Brunschwig, Chirurgia, Bl. VII (Von vnderscheid der wunden).

[4] Vgl. Wilda a. a. O. S. 742 ff., der alle diese Knochenverletzungen unter das Stichwort „beinschrötige Wunden" stellt.

[5] Die in den vorhergehenden Anmerkungen angeführten Quellenstellen ergeben leicht die Belege. Bisweilen wird noch besonders von „fliessenden Wunden", die beinschrötig seien, gesprochen.

[6] Wilda a. a. O. S. 742.

[7] Oesterr. Weist., Bd. V, S. 616.

[8] Grimm, W. III, S. 661.

[9] Absichtlich gewählt ist offenbar die umfassendere Ausdrucksweise des Rostocker Stadtrechts (vgl. S. 33 in Anm. 7).

[10] Grimm, Rechtsalterthümer, I, S. 77 ff.; Wilda, S. 744 ff.; Günther, S. 55 ff.

Schild aus bestimmter Entfernung geworfen, muss der Knochensplitter einen Klang geben. Sonst wird er als zu leicht befunden, und der Thäter zu geringerer Busse verurteilt. Grimm legt in seinen Rechtaltertümern auf diese seltsame Bestimmung besonderen Wert. „Wenn irgend etwas", so habe „dieses Mass für die Grösse ausgehauener Knochen ..... durchgreifend, unter allen deutschen Völkern gegolten." Die mittelalterlichen Rechtsquellen haben die Erinnerung hieran nicht bewahrt. Erhalten hat sich eine solche Erinnerung, wie Einzelstellen aus späterer Zeit beweisen, in den skandinavischen Reichen und in England[1]). Im Kreise der mittelalterlichen deutschen Rechtsquellen ist mir (ausser in friesischen Aufzeichnungen)[2]) kein Beispiel einer Bewahrung des alten „Knochenklangs" bekannt, auch nicht im Kreise der konservativsten und volkstümlichsten Rechtsaufzeichnungen. Beibehalten ist dagegen in den mittelalterlichen Quellen Deutschlands die Zurechnung der beinschrötigen Wunde zu den ausgezeichneten, schweren Verletzungen. Mannigfache Merkmale lassen dies erkennen: Vor allem ist es die Höhe der Strafen, die für diese Annahme spricht. In dem tiroler Taiding von Weerberg wird als Busse für „ain fliessente wunten" 5 ℔., für „ain pogne wunden" 25 ℔., für „ain peinschrötig wund" 52 ℔. angesetzt[3]). Das tiroler Taiding zu Salern und Vahrn bestimmt sogar dafür, dass einer „den andern wundet, das painschrot ist", eine Busse von 100 ℔. Es handelt sich aber auch hier, wie in einer ganzen Reihe weiterer tiroler Taidinge, nur um eine Verdoppelung der Strafe für bogende wunden[4]). Als weiterer Beleg möge u. a. dienen, dass im Taiding der Grafschaft Werdenfels Beinschrot und Lähmung einander gleichgestellt werden[5]). Aber nicht nur dies zeigt den qualifizierten Charakter des Beinschrots. Auch Zeugnisse der Heilkunde bestätigen die Anschauung der Zeit, dass man schwere Verletzungen vor sich habe und aussergewöhnlicher Mittel bedürfe. In dem vielgelesenen „Kräuterbuche" des Jacobus Theodorus Tabernac-

---

1) Grimm a. a. O.

2) Gesetze der Ostergoer (Richthofen, Rechtsquellen, S. 449, § 32).

3) Oesterr. Weist., Bd. I, S. 174. Vgl. auch a. a. O. Bd. V, S. 198, 362, 762.

4) Oesterr. Weist., Bd. V, S. 411. Uebereinstimmend a. a. O. S. 221, 482. Singulär ist die Bestimmung des Taidings zu Niedervintl (a. a. O. Bd. V, S. 448), derzufolge die bogende wunde mit 15 ℔, die beinschrötige Wunde mit 50 ℔ zu büssen ist. — Für die strenge Pönalisierung der beinschrötigen Wunde sei auch auf das Rostocker Stadtrecht verwiesen. Der Thäter wird hier event. mit 10 Wochen Gefängnis und darauf folgender Stadtverweisung bestraft.

5) Grimm, W. III, S. 661.

montanus[1]) wird eine Wundsalbe empfohlen, „dann sie heylet Wunden". Hinzugefügt wird jedoch: „die nicht beynschrötig seynd". Und Wolfgang Helmhard von Hohberg beschreibt in seinem kulturhistorisch reichhaltigen Werke über „Das adeliche Land- und Feldleben" einen Wundtrank mit den Worten „ein guter trank wann einer gestochen, gehauen oder geschlagen wird, wanns nur nicht beinschrötig ist"[2]).

Für die dritte Gruppe der qualifizierten Verletzungen, die „ferchwunden", ist man bisher zu einer sicheren Auslegung nicht gelangt. Nach Osenbrüggen[3]) entspricht die Ferchwunde der Fleischwunde des Sachsenspiegels. Günther[4]) übernimmt diese Behauptung Osenbrüggen's, kommt aber der Wahrheit dadurch einigermassen näher, dass er hinzufügt, der Begriff „Ferchwunde" „umfasse zuweilen auch schon gefährlichere Arten".

Eine sichere Erklärung wird nur gefunden, wenn wir zunächst die sprachlichen Grundlagen aufsuchen:

„Ferch" (verch), ahd. alts. „ferah", ags. „feorh", altn. „fiör" bedeutet vita, sanguis[5]):

Dô sluogen die vil müeden vil manegen swinden slac
den von Bechelâren, der eben unt tiefe wac,
durch die vesten ringe vast unz ûf daz verch[6]).

(Nibelungenlied 2147.)

In Zusammensetzungen erscheint „ferch" als „ferchblut"[7]), „ferchfreund", „ferchgenoss". Von besonderer Wichtigkeit aber sind für uns die Verbindungen „ferchwunde", „ferchtiefe wunde" im Sinne einer ans Leben gehenden, das Leben unmittelbar gefährdenden Wunde, daneben das Adjektiv „ferchwund", „zum Tode verwundet" in den Nibelungen, im Tristan, in Ottokars Steirischer Reimchronik:

---

1) Vgl. S. 588 der Ausgabe von 1664 (Basel). Das Kräuterbuch stammt bereits aus dem 16. Jahrhundert. Vgl. Haeser, Geschichte der Medizin, II, S. 10.

2) Ausgabe von 1716 (Nürnberg), Teil I, Bl. 307b. — Ueber Heilmittel bei Knochenverletzungen siehe z. B. Pfolspeundt a. a. O. S. 13 ff.

3) A. a. O. S. 233.

4) A. a. O. S. 79, 80, 111.

5) Grimm, Wörterbuch Bd. III, Sp. 1527 ff.; Schmeller, Bayerisches Wörterbuch I, 559.

6) Ausg. von Lachmann.

7) Der Ausdruck „ferchblut" wird auch in der medizinischen Literatur verwendet. Vgl. Pfolspeundt's Bündth-Ertznei, S. 32: „Es kompt zew zeeiten, das eim das blüth von allenn odernn vund geliedernn tzw lewfft, das heissenn itzlich meister das ferchblüth".

„ezen mohte nieman scheiden: des sach man fliezen dâ daz bluot
von verchtiefen wunden: der wart dâ vil geslagen."

(Nibelungenlied 2070[1]),

ist daz ich alsô saelec bin
daz er niht verschwunden hât
sô mag es alles werden rât[2]). (Tristan 227,18.)

Die Auslegung der Ferchwunde, die wir damit gewinnen, findet durch die Rechtsquellen volle Bestätigung. In ihnen ist der Ausdruck „Ferchwunde" nichts seltenes. Norddeutsche Quellen sprechen in gleicher Bedeutung von „todwunde" oder „mortlicher wunde"[3]). Oefter zeigt sich in den Rechtsaufzeichnungen der qualifizierte Charakter der Ferchwunde nur in der Gegenüberstellung zu anderen, minderschweren Verletzungen[4]). Es fehlt aber auch nicht an Quellen, die in ausführlicherer Weise den Begriff der Ferchwunde umschreiben:

„Wer den andern schlecht — sagt das tiroler Taiding zu Bruneck[5]) — das er...verschwunden hat, darauf man sorg hat zu dem tode, derselb ist vervallen dem richter XXV ℔. und dem, den er geschlagen hat, auch als vil." Ungleich ausführlicher ist

---

1) Vgl. auch Nibelungenlied 238, 2, sowie 930, 1; 933, 2; 937, 1 („dô sprach der verchwunde").

2) Grimm, Wörterbuch, Bd. III. Sp. 1592; an gleicher Stelle weitere Citate. Schmeller a. a. O., siehe auch Glossar zum V. Bd. der Oesterr. Weist., S. 832 unter „ferchwund", Michnay u. Lichner, Ofner Stadtrecht, S. 278 und Gaupp, Stadtrechte II, S. 254, Anm. 4.

3) Vgl. z. B. die Urkunde Graf Gottfrieds v. Arnsberg für die Freiheit zum Freienohle: „item weret sake dat yemand dede ene blotronninge mit eigenhaften wapen sonder dotwunden oder dotschlag..." (Seibertz, Landes- u. Rechtsgeschichte des Herzogthums Westfalen, Bd. III, S. 494). — Magdeburger Fragen III, 1, dist. 11 (Behrend, S. 187). — Ein Beispiel für den Gebrauch des Ausdrucks „Todwunde" in Süddeutschland enthält die Öfnung des St. Blasischen Waldamtes v. 1383 (Grimm, W. IV, S. 487 „ane tube und totwunden").

4) Deutschenspiegel, cap. 87 (Ausg. v. Ficker, S. 89): „umb plûtrunstig daz an dem verch geschicht vnd an lamen". Uebereinstimmend Schwabenspiegel, cap. 80 in der Ausg. von Wackernagel; bei Lassberg steht an der entsprechenden Stelle (cap. 98) das missverstandene „umbe blût rvns die ane verwunden geschehent." Rechtsbuch der Stadt Brixen: „fliessende wunden oder painschröt än leme und än verwunden ist XXV ℔." (Oesterr. Weist., Bd. V, S. 380). — Vgl. überdies Innsbrucker Stadtrecht v. 1239, cap. 10: „pro vulnere quod Verche dicitur" (Gaupp, Stadtrechte, Bd. II, S. 254); Feldlagerordnung König Siegismunds (bei den Beratungen über den Hussitenfeldzug aufgestellt), im Wortlaut citiert nach Datt, Volumen rer. Germanic. novum Ulm 1698, pg. 162 bei Grimm, Wörterbuch, Bd. III, Sp. 1523; Basler Gerichtsordnung v. 1534 bei Osenbrüggen a. a. O. S. 233.

5) Oesterr. Weist., Bd. V, S. 483.

Ruprechts von Freising Darstellung II, 11 „Von verchwunden"[1]): „Ist das ein man dem andernn verchwunden slecht. Verchwundnn sind so man ainem in den wadl inderhalb des knye slecht vnnd in dye maus oberhalb des ellpognn vnnd in den ruckpratn, alzo das man jm dy lungl oder dy leber siecht. vnnd an dem pauch so jm das gewaid ausget vnnd so jn dy hiernnschal geöffenntt wirt. das haissent alles verchwundnn." Ohne weiteres leuchtet in der Mehrzahl der hier aufgeführten Fälle die lebensgefährliche Natur der Verwundung ein. „Oeffnung der hiernnschal", Lungen- und Leberverletzungen, sowie „Weidwunden" endeten in der Mehrzahl der Fälle mit dem Tode. Deutlich genug spiegeln hier die älteren medizinischen Werke das Aussichtslose ärztlicher Kunst wieder[2]).

Ueberraschen könnte auf den ersten Blick nur, aus welchem Grunde Ruprecht von Freising gerade die Wunden „in den wadl inderhalb des knye" und „in dye maus oberhalb des ellpogen" unter die Ferchwunden rechnet. Auch hier giebt uns die ältere medizinische Literatur die Lösung. Es ist „die Maus", „das Mäusefleisch", dessen Verletzung für lebensgefährlich galt. „Welche Wunden in die Mauss gestochen werden, vnd das Leben ist am selben ort, welchs das Ferch heist, ist auch zum Tode". So lautet die Prognose bei Paracelsus im ersten Buche der „Grossen Wundartzney" S. 6. Noch einmal kommt Paracelsus hierauf zu sprechen[3]): „Was allein Fleisch trifft, ist ohn schaden: Es were dann, dass das Fercht, Leben, oder Mauss darinn were, als dann mag es zum Tode gehen, (in) ein Lähme, oder in ein ander Sorg." Auch Brunschwig weist bei den Wunden des Ellenbogens und der Kniegegend immer wieder darauf hin, sie seien „sörgklichen durch der meusse flaisch willen die da seind, also das sie fast tödlich seind[4])."

Aus unseren bisherigen Untersuchungen tritt das Bestreben der mittelalterlichen Rechtsquellen, bestimmte Wundkate-

---

[1] Ausgabe von Maurer, S. 247 ff. Vgl. hierzu Freyberg, Samml. histor. Schriften, V. S. 196 (Bischof Albrechts Stadtrecht f. Freising 1359).

[2] Vgl. für Wunden mit „Oeffnung der hiernnschal" z. B. Brunschwig a. a. O. Bl. XXXVII ff., Gersdorff a. a. O. Bl. XVIIIb ff., für die Verletzung der Lunge Brunschwig, Bl. LXIV b. Eingehend behandelt die ältere medizinische Literatur die „Weidwunden", das Herausdringen der Därme aus dem verwundeten Unterleib. Siehe z. B. Piolspeundt a. a. O. S. 56 („wan einem das geweide aus lip ginge"). S. 57 „weidewundt": Gersdorff, Bl. XXVIIIa ff.; Brunschwig, Bl. LXXb ff.; Ryff, Bl. CXVII b ff.; Paracelsus a. a. O. S. 6.

[3] A. a. O. S. 3.

[4] A. a. O. Bl. LXXVII ff., LXI b.

gorieen zu bilden, unverkennbar hervor. Schon die germanischen Quellen zeigen dies Bemühen. Schon sie suchen, wie wir sahen, bei aller Wundkasuistik Gruppen von Wunden nach ihren Merkmalen zu bilden. Der Fortschritt der mittelalterlichen Quellen besteht auf dem Wundgebiet darin, festere Merkmale aufzustellen, um den Richter in den Stand zu setzen, die einzelne Verletzung einer bestimmten Wundgruppe ohne Schwierigkeit zuzuweisen, Strafart und -mass mit dieser Zuweisung abzugrenzen. Mit diesem Fortschritt geht Hand in Hand ein anderer. Er liegt nicht nur in der Einengung bez. Beseitigung der älteren erdrückenden Wundkasuistik, sondern zugleich in der Beschränkung der Zahl der Wundkategorieen. Beispielsweise deckte man mit dem Begriff der Ferchwunde eine ganze Reihe lebensgefährdender Wunden, die in germanischen Quellen einzeln aufgezählt werden. Das Gleiche gilt von der festeren Umgrenzung der Meisselwunde und von der beinschrötigen Wunde. So wird die „Hauptwunde"[1] nur in Verbindung mit der Ferchwunde, oder in Verbindung mit der beinschrötigen Wunde je nach ihrer Schwere als Beispiel erwähnt; so gedenkt eine kleine Zahl von Rechtsquellen eines Falls[2] der „durchgehenden Wunden"[3] nur, um festzustellen, dass auch die Wunde, die „durch dy backin gestochin", zu den kampfwürdigen Wunden gehören solle[4].

---

[1] Vgl. Wilda a. a. O. S. 738. — Dass die Hauptwunde im friesischen Rechte (vgl. z. B. Ostfries. Landrecht, III, 65) noch eine Rolle spielt, kann uns im Hinblick auf die sonstige Behandlung der Leibesverletzungen in den friesischen Quellen nicht überraschen. Für die Erwähnung der Hauptwunde in den flandrischen Quellen bieten die Citate auf Seite 40 in Anm. 1 einige Belege. Ich verweise überdies auf die Keure des Dorfes Mariakerke-Bascrode v. 1266, cap. 5: „Si quis alterum adeo vulneraverit, quod os a capite vulnerati amoveri contigerit, decem librarum emendae reus erit" (Warnkönig, Flandrische Staats- u. Rechtsgeschichte, Urkundenb. zu II, 2, S. 245).

[2] Noch dazu eines der minder wichtigen Fälle!

[3] Wilda, a. a. O. S. 741. Vgl. hierzu v. Amira a. a. O. I, S. 713.

[4] Magdeburg-Breslauer systemat. Schöffenrecht, III, 1. cap. 12 (Laband, S. 58). Kulmisches Recht, III, 12 (Leman, S. 55). Diese Sondererwähnung rechtfertigt sich dadurch, dass in diesem Falle nicht das sonstige Mass gefordert werden sollte, um die Berechtigung zum Kampfesgruss zu geben. Vgl. hierzu oben S. 28, Anm. 1. — Für die Gleichstellung der durchgehenden und der tiefen Wunde siehe auch das Lübische Recht bei Hach. Das alte Lübische Recht, S. 580, cap. LXXII: „Eine gestecken wunde, se sy dep edder dorch, werdt vor eine wunde gerekent, is broeke dree pundt." — Ausführlicher beschäftigt sich völlig vereinzelt mit der durchgehenden Wunde die Lantsprach des Gerichts Glurns in Tirol (Oester. Weist., Bd. IV, S. 3). Den Ausgangspunkt bildet die Meisselwunde. Für sie wird die Strafe von XXV ℔ festgesetzt. „Wär aber sach — so fährt die Lantsprach fort — das

Ebenso vereinzelt ist es, dass im ältesten für Reval aufgezeichneten Rigischen Stadtrecht[1]) noch die alte „Hohlwunde" erscheint. Ja selbst die Frage, ob sich die Wunde an sichtbarer oder an bedeckter Stelle befindet, spielt für die mittelalterlichen Quellen Deutschlands bei weitem nicht mehr diejenige Rolle, die ihr die germanischen Quellen zuteilen[2]). Im grössten Teile Deutschlands scheint diese Unterscheidung im Rechtsleben völlig zurückgetreten zu sein. Festgehalten wird die Erinnerung hieran überwiegend nur in Rechtsaufzeichnungen aus dem Nordwesten[3]) auf der

die wunden ain durchgende wunden oder ain durchstochne wunden wäre, und wie vil waizel darzu gestossen werden, so ist der pan aber nicht mer dan XXV ℔ perner auf genad." Das scheint zunächst dafür zu sprechen, dass die Lantsprach die durchstochene Wunde nicht als eine besonders geartete Wunde betrachtete, sondern den Nachdruck lediglich auf die Anwendung von Meisseln legen wollte. Thatsächlich zeichnet aber die Lantsprach die durchstochene Wunde doch aus. Denn sie schliesst mit den auf die durchstochene Wunde bezüglichen Worten: „und ob si nicht gewaizelt wurd, so ist es dannoch XXV ℔ perner auf genad und sol alzeit mit dem rechten besucht und gestraft werden." Man braucht nur die von der Lantsprach für die fliessende Wunde im Gegensatz zur Meisselwunde festgesetzte Strafe von 5 ℔ zu vergleichen, um unseren Schlussfolgerungen recht zu geben.

1) Cap. 4: „Si quis leserit aliquem .... sine cavo vulnere" (Napiersky, Die Quellen des Rigischen Stadtrechts, S. 4). — „Vulnus penetrativum" noch in flandrischen Quellen: z. B. Keurbrief der Chatelenie von Brügge von 1490 bei Warnkönig a. a. O. Urkundenb., Bd. II, 1, S. 87, § 25; auch a. a. O. S. 143, § 9 und Urkundenb., Bd. II, 2, S. 73, cap. 4, S. 180, III, 1, S. 40, cap. 14. — Vgl. Wilda, 736 ff.

2) Grimm, Rechtsalterthümer, S. 630; Wilda a. a. O. S. 745; Günther a. a. O. S. 56.

3) Friesische Rechtsquellen, wie die Allgemeinen Busstaxen (Richthofen, Rechtsquellen, S. 82 u. 83), scheiden zwischen „blodresne (bez. metedolch) binna clathem" und „buta clathem." Nicht anders die Busstaxen der Rüstringer (a. a. O. S. 119), die Gesetze der Ostergoer (a. a. O. S. 448, § 25, S. 457, § 26), das Ostfriesische Landrecht, III, 56, 61, 62. — In der flandrischen Keure von Furnes von 1240 wird zwischen „vulnus, quod tegi potest" und „quod tegi non potest" unterschieden (Warnkönig a. a. O. Urkundenb., Bd. II, 2, S. 73, cap. 4). — Wollen wir den Quellenkreis erweitern, so bieten (neben den bei Wilda, S. 745 zusammengestellten nordgermanischen Quellen) die älteren Rechtsquellen Englands ein ausserordentlich reichhaltiges Material für unsere Frage: Aelfreds Gesetze, cap. 45 (Schmid, Gesetze der Angelsachsen, S. 99), Wilhelms Gesetze, cap. 10, § 1 (Schmid, S. 330, 331), Pseudoleges Canuti, cap. 10 (Schmid, S. 426), Leges Henrici, I, cap. 94 (Schmid, S. 490). Aethelbirht's Gesetze enthalten die Scheidung „ausserhalb" und „innerhalb" der Kleider speziell nur für den trockenen Schlag (Schmid, S. 7, cap. 59, 60). — Beide Quellengruppen — friesische und altenglische — bewahren auch am treuesten die Wundkasuistik der germanischen Quellen. Es giebt wenige Rechtsquellen mit so eingehender Detaillierung der Leibesverletzungen, als das Ostfriesische Landrecht. Um einen Eindruck von seiner Wundkasuistik zu erhalten, bedarf es nur des Ueberblicks über „De Tafel van allen Wunden und Lycklauwen tho rekenen" in B. III, cap. 63.

einen, aus dem Osten und Südosten deutschen Gebietes[1]) auf der anderen Seite. Es ist der Begriff „Schamwunde", vulnus pudorosum"[2]), der die Bewahrung älteren Rechts wiederspiegelt. Nur eine Beweisstelle — Brünner Schöffenbuch nr. 723 — sei ihrem Wortlaute nach angeführt:

„Pro vulnere pudoroso vulgariter dicto „Schamwunden" post cuius sanationem in facie hominis apparet macula indelebilis vel cicatrix, quae crinibus non tegitur, accusatus expurgabit se metquintus probabilium virorum[3])."

Wie die alten Wundkataloge früherer Zeiten[4]) zusammenschrumpfen, so findet im Mittelalter die gleiche Vereinfachung auf verwandtem Gebiete statt: Sie trifft die Verstümmelungen und Lähmungen. Beide Arten der Leibesdelikte stellten wir im Beginne unserer Arbeit[5]) als zweite, grosse Hauptgruppe der Leibesverletzungen innerhalb der Volksrechte fest. Verstümmelungen und Lähmungen, so wurde an gleicher Stelle bemerkt, finden wir auch in den mittelalterlichen Rechtsquellen als geschlossene Hauptgruppe ausgezeichneter Körperverletzungen wieder.

In den Volksrechten fehlt ein einheitlicher, für alle Quellen gleichmässig durchgeführter Sprachgebrauch, der mit einem Gesamtausdrucke Verstümmelung und Lähmung umfasst. Nur für ein oder

---

1) Besonders gross ist die Zahl der niederoesterreichischen Weistümer, die Bestimmungen hierfür enthalten. Vgl. Oesterr. Weist. Bd. VII, S. 104, 413, 448, 543, 612, 626, 700 729 („schemwunten under den augen"), 819, 865, 887, 897, 1033, 1048, VIII, S. 37, 49, 72, 86, 101 u. ö.; vereinzelt daneben „schauwunde unter den augen" (a. a. O. S. 28, 354) und „ain scheinwuntn" (S. 873). Auch für die steirischen Taidinge ist der Ausdruck „Schamwunde" nachzuweisen (Oesterr. Weist., Bd. VI, 264 „schambwunten, wie die genant sein unter dem antliz"). Siehe ferner Schöffensatzungen der Stadt Brünn: „Ein schamwunten haisset, die unter dem antlutz ist" (Rössler, Deutsche Rechtsdenkmäler, II, S. 389, cap. 185).

2) Vgl. Michnay u. Lichner, Ofner Stadtrecht, S. 292.

3) Rössler a. a. O., II, S. 330. — Von Interesse ist daneben eine (ausser dem im Texte angegebenen geographischen Kreise stehende) Quelle: Das Rügische Landrecht (vgl. Frommhold in der Zeitschr. der Savigny-Stiftung f. Rechtsgesch., Bd. XVI, S. 1 ff.), cap. XXIX. „Wunden Bröcke, is tweyerley, als ein bote Wunden, vnd twe Bote Wunden, vor eine Bote Wunden werdt nicht mehr als drey Pundt erkandt, dem Cleger, vnd dem Richter 5 Mck., twe Bote Wunden synd alle de Wunden de am Vorkoppe, Angesichte edder Halse, dat nicht Hahre edder Kledt bewasset edder stedes bedecket" (citiert nach Dreyer, Monumenta anecdota Tom. I, pg. 267). Das Rügische Landrecht hebt auch Finger- und Handwunden besonders hervor. Vgl. überdies die Willkür von Eisenach, II, 5 (citiert oben S. 16 Anm. 4).

4) Wilda a. a. O. S. 729: „Wahrhafte, strafrechtliche Preiscourante."

5) Oben S. 8.

das andere Volksrecht lässt sich eine feste Terminologie hierfür nachweisen. In der Lex Salica ist es der Ausdruck „debilitatio", in der Lex Frisionum die Bezeichnung „mancatio"[1]). Jeder der beiden Ausdrücke umfasst das Abtrennen, Abhauen eines Gliedes oder äusseren Sinnesorgans (beispielsweise das Abschlagen von Fuss oder Hand, das Abschlagen der Nase), überdies die gewaltsame dauernde Zerstörung der Gebrauchsfähigkeit des verletzten Gliedes, oder die Vernichtung einer Sinnesthätigkeit (z. B. die Blendung des Auges)[2]). Die mittelalterlichen Quellen gebrauchen als Gesamtbezeichnung für Verstümmelung und Lähmung den Ausdruck „detrimentum membrorum"[3]). Ungleich häufiger findet sich aber in gleich umfassender Bedeutung der Ausdruck „leme", „lemnis"[4]). Zum Belege für ihn bedarf es nur des Hinweises auf Sachsenspiegel II, 16, § 5:

„Den mund, nase unde ogen, tunge, oren unde des mannes gemechte, unde hende und vote, dirre iewelk, wirt die man dar an gelemt unde sal man't ime beteren, man mut it ime gelden mit eneme halven weregelde[5]).

Zwei Stellen des Magdeburg-Breslauer systematischen Schöffenrechts geben hierzu eine passende Ergänzung. In der einen (III,1, cap. 16)[6]) wird bestimmt, dass wenn „eyn(em) mann synir nasyn vorune der fleischechte czippil, bis an das beyn adir dy naze halp abgehauwin" würde, so solle dies „eyne lemde" sein und mit Kampfe gegrüsst werden dürfen. In III,1 cap. 25 wird hinzu-

---

1) Brunner a. a. O. II, S. 635.
2) Lex Salica em. tit. XXXI, de debilitatibus. — Für die nordgermanischen Rechte vgl. Wilda, S. 760 ff., v. Amira a. a. O. I. S. 715, II, S. 848 ff.
3) Stadtrecht Herzog Leopolds VI. für Wien v. 1221, cap. 2 (Tomaschek a. a. O. S. 9); übereinstimmend Stadtrecht Friedrichs II. für Wien v. 1244, cap. 2 (Tomaschek a. a. O. S. 25). Recht der Stadt Ens v. 1212, cap. 8: „Si quis autem aliquem vulneraverit ita quod vulneratus convaleat sine detrimento membrorum (Gaupp, Stadtrechte, II, S. 219); Stadtrecht König Wenzels für Brünn v. 1243, cap. 11 (Rössler, Deutsche Rechtsdenkmäler, II, S. 346).
4) Ahd „lemi", mhd. — neben „leme" —, „lemede", „lemde"; die beiden letzten Formen (samt der Schreibweise „lembte") auch im mnd. Vgl. Grimm, Wörterbuch, Bd. VI, Sp. 74; Schiller u. Lübben a. a. O. Bd. II, S. 661; Schmeller, Bayerisches Wörterbuch, Bd. I, Sp. 1471. Für die friesischen Rechtsquellen vgl. Richthofen, Wörterbuch, S. 891: „lamelsa", „lemithe" (mit den Nebenformen lemethe, lamethe, lanithe) Lähmung, „lema", „lama" lähmen; für die nordgerm. Quellen vgl. die Citate oben Anm. 2.
5) Uebereinstimmend Deutschenspiegel, cap. 116 (Ficker, S. 106); Schwabenspiegel (Lassberg), cap. 176.
6) Ausgabe von Laband, S. 59. Wörtlich stimmt Kulmisches Recht, III, 16 (Leman, S. 56) überein.

gefügt, dass Ausschlagen eines Zahnes oder Abhauen eines Fingerstückes[1]), „daz keyn glet ist", oder des Stückes „von eyme oryn" „keyne lemde vnd keyne campirwunde gesyn möge". „Wirt abir — so fährt die Stelle fort — abe gehauwyn eyn gancz glet von eyme vingir adir eyn gancz ore, daz heysit eyne lemde vnd beczugit eyne campirwirdege wunde"[2]).

Noch ausführlicher ist die Aufzählung, welche das Rechtsbuch nach Distinctionen[3]) zur Erklärung „wy mancherley, lemde sy" giebt. Als „lemde" soll gelten: „do eyn man gestochen adder gehouwen wert obir dy ougen adder dorin, daz he geergert wert an syme gesichte, daz her blint werth. Dy ander ist, deme dy nase wert abegehuwen". Die vierte Lähmung ist „do man eyme sinen munt vorsert, daz is om an siner sprache schadet unde gehindern magk", die siebente „ab eyme der arm wert abegehouwen", die achte „de eyn in dy hant wert gelempt"; zum Schlusse folgen Bein und Knie, Fuss und Zehen.

Bei diesen Feststellungen darf jedoch nicht übersehen werden dass eine ganze Reihe von Rechtsquellen den Ausdruck „leme" nur im engeren Sinne der eigentlichen Lähmung, der Vernichtung der Ge-

---

1) Unbestritten war dies übrigens nicht. Andere Quellen, wie z. B. das Glogauer Rechtsbuch, cap. 288 (citiert unten in der übernächsten Anm.), bezeichneten das Ausschlagen eines Zahnes als Lähmung. Ebenso rechnet es beispielsweise ein Magdeburger Schöffenurteil der Leipziger Handschrift nr. 1096 als Lähmung, „dat en ein leth in deme fingere worde halff affgehowen" (Wasserschleben, Deutsche Rechtsquellen d. Mittelalters, S. 144, cap. 21).

2) Laband S. 62, übereinstimmend Kulmisches Recht, III, 25.

3) Buch IV, cap. 7 (Ortloff, I, S. 193). Das Glogauer Rechtsbuch, cap. 280 (Wasserschleben, I, S. 36), cap. 288 (a. a. O. S. 37) bezeichnet als Lähmung Abschlagen eines Fingergliedes, ebenso Ausschlagen eines Zahnes. Cap. 258 (S. 34) wird Ohrabhauen als „eyne wunde beczuget." Es kann zweifelhaft sein, ob damit die Subsumierung unter den Begriff der Lähmung verneint werden sollte. Ich möchte dies in Abrede stellen, da cap. 279 derselben Quelle das Abschlagen der Nasenspitze, wie der ganzen Nase, unter die Lähmungen rechnet. Es würde deshalb anzunehmen sein, dass in cap. 258 Ohrabhauen als kampfwürdige Wunde charakterisiert werden sollte. — Den bisher beigebrachten Citaten könnte der Schluss entnommen werden, als handele es sich nur im Kreise des sächsischen Rechts um jene weitgehende Bedeutung der „leme". Diese Schlussfolgerung würde unrichtig sein. Man vgl. z. B. Rügisches Landrecht cap. XXIX, das zu den „Lemnissen" rechnet, wenn „enen dat gantze Oge vthgestecken edder houwen" oder ein Finger abgehauen wird (Dreyer, Monumenta anecdota I, S. 269). Neben der Lemnisse steht im Rügischen Landrecht noch die eigentümliche „Lettung", die in ihrer Verwendung in Parallele zur „lidiscarti" (vgl. unten S. 45 ff.) gestellt werden darf. Vgl. z. B. in cap. XXIX: „Werdt einer am Oge beleidiget, dat he noch etwas medesehende blifft, idt holdt men vor eine Lettunge"; daran schliesst sich als Gegensatz die eben citierte Bestimmung über den Verlust des ganzen Auges. — Jura Prutenorum, cap. 47 (Ausg. von Laband, Königsberger Programm, S. 12).

brauchsfähigkeit, verwendet und Gliedabschlagen nicht hierunter rechnet. Beispielsweise scheidet König Rudolfs Freiheitsbrief für Wien von 1278 in cap. 8 die „truncatio membrorum" („si quis civium alteri manum amputaverit, pedem, aut oculum aut nasum aut aliquod nobile membrum") ausdrücklich von dem Delikte des cap. 9 „de vulnere lem"[1]) („quicumque alium ita vulneraverit, quod patietur detrimentum membrorum quod dicitur lem")[2]). Dieselbe Trennung tritt im Iglauer Stadtrecht cap. 74 „de amputacione uel eiectione nobilis membri" und cap. 75 „de mutilacione wlgariter lemde" deutlich hervor[3]).

Dabei ist es nicht nur der engere Kreis jener nahe verwandten, österreichischen Quellen, der uns Belege für diese Trennung der „amputatio" und der „leme" liefert. Auch aus anderen Rechtsgebieten lassen sich Einzelbestimmungen erbringen. Verwiesen sei, beispielsweise auf die thurgauer Oeffnung von Werschwylen § 13: „Wer der andern schlecht lam oder siner glider beroubt .... der bessert dem herren 5 ll. Pf. und dem cleger wandel für den schaden nach des gerichtes erkantnisz[4])."

---

1) Beide Stellen finden sich bereits in den Wiener Stadtrechten von 1221 und 1244 (vgl. oben S. 42, Anm. 3). Ich citiere im Text den Wiener Freiheitsbrief von 1278 seiner schärferen Terminologie halber.

2) Tomaschek, Rechte u. Freiheiten der Stadt Wien, I, S. 44. Herzog Albrechts Handfeste für Wien von 1340 übernimmt diese Bestimmungen mit den Worten „Ob aber ein purger dem andern ein hant, ein fuez, ein ouge oder ein nase oder dhain ander lid ablslecht" (cap. 12) und „wer den andern also wundet, daz er an den liden gepresten leidet, daz da haizzet lem" (cap. 13, Tomaschek a. a. O. S. 106).

3) Tomaschek, Deutsches Recht in Oesterreich, S. 279 ff., cap. 74: „Quicumque alicui aliquod membrum nobile preciderit uel amputaverit uel ciecerit videlicet oculum, nasum, lingwam, manum, pedem uel aliquod membrum occultum ...." Cap. 75: „Et si quis alicui membrum inhabile fecerit quod dicitur lemede ...." Auffallenderweise verwischt die deutsche Uebersetzung des Iglauer Stadtrechts diese ursprüngliche Scheidung der lateinischen Fassung, indem sie in cap. 74 die Worte „preciderit uel amputaverit uel ciecerit" mit der Wendung „vorsneidet oder vorhewet oder süst vorlemet" wiedergiebt. Zum Bewusstsein ist der deutschen Fassung des Iglauer Stadtrechts — das geht aus cap. 75 hervor — dieser Irrtum nicht gekommen. — Oesterr. Weist., Bd. VII, S. 612, 676, VIII, S. 556, 577, 637.

4) Grimm, W. V, S. 140. Auf die gleiche Scheidung lassen die Goslarer Statuten in ihrer Bestimmung „Vor ene kampördighe wunden oder en oghe oder en let oder lemede ghift men half wergheld" schliessen (Göschen, S. 85, Z. 23 und S. 305). Weiterhin sei auf die Frankfurter Reformation, T. X, tit. 4, cap. 3 aufmerksam gemacht. Für eine grosse Reihe von Quellen ist ein sicherer Nachweis in diesen Fragen nicht zu erbringen. Sie sprechen sich vielfach zu wenig ausführlich aus, oder geben in ihrer Ausdrucksweise zu Zweifeln Anlass. Dass die Stadtrechte und Weistümer sich mit der Lähmung „weniger beschäftigen" (so Günther S. 50), kann ich nicht zugeben. Sie erwähnen die „leme" ausserordentlich häufig. Die Schwierigkeit besteht nur darin,

In den angeführten Quellenstellen treten uns Ausdrücke wie „truncare", „amputare", „mutilare"[1]) entgegen, die unmittelbar an gleichlautende Wendungen der Volksrechte erinnern[2]). Ungleich charakteristischer aber, als das Auftreten dieser Wendungen, auf die der Schreiber einer lateinischen Rechtsaufzeichnung von selbst verfallen musste, ist in mittelalterlichen Quellen das Fortleben eines viel spezielleren Rechtsterminus aus dem Gebiete der Leibesdelikte: des alten „lidiscarti". Wir finden die Form „scardi" bei Abhauen eines halben Ohres in Lex Alamannorum LVII,10[3]). Weitere Lesarten der gleichen Stelle ergeben orscardi[4]), litscardi, lithscart, lidischarch, lithsaart, scardlithdi[5]). Von „lidiscarti" redet ferner Lex Baiuwariorum, III,14[6]): „Si aurem maculaverit, ut exinde turpis appareat, quod lidiscarti[7]) vocant: cum sex solidis conponat".

Der erste Bestandteil des Kompositum „lidiscarti" ist das ahd. „lid", Glied[8]). Seinem zweiten Bestandteile, dem Substantiv „scarti", entspricht das mhd. scharte, mnd. und nnd. scharde, schard, ags. sceard[9]), engl. shard, sherd. Die verbale Form hierfür ist ahd. scartjan, scertan, isl. skerda und skarda, mhd. scherten, verscherten, in der Bedeutung „schartig machen", verderben, minuere[10]). Wie aus dem Zusammenhange hervorgeht, handelt es sich im alamannischen und

---

dass sie vielfach lediglich den kurzen Ausdruck „leme" als einen ihnen geläufigen terminus technicus bieten. Dass auch auf dem Gebiete der Verstümmelungen und Lähmungen die Kasuistik der Volksrechte seitens der mittelalterlichen Rechtsquellen starke Einschränkungen erlitten hat, wurde bereits oben S. 41 betont. Erhalten hat sich diese weitgehende Kasuistik, gleich der Wundkasuistik, auf deutschem Boden nur im friesischen Recht. Vgl. hierzu oben S. 40, Anm. 3. An dieser Stelle finden sich auch Nachweise für das älteste Recht Englands.

1) Vgl. überdies im Aeltesten Rigischen Stadtrecht, cap. 7 „Si quis manum uel pedem alterius debilitauerit" (Napiersky, Die Quellen des Rigischen Stadtrechts S. 5). Warnkönig, Flandrische Staats- u. Rechtsgeschichte, Urkundenb. zu II, 1, S. 15, cap. 7, 8. (Keure von Gent v. 1192).

2) Brunner, Rechtsgeschichte II, S. 635.

3) Ausg. v. K. Lehmann in den Monum. Germaniae, pg. 118.

4) So liest Cod. B. LX, 3.

5) Lesarten von Handschriften des Cod. A, auch Handschriften des Cod. B zeigen, neben Lesarten zu „orscardi", die Form litiscarti, lidisscart u. a.

6) Ausg. v. Merkel in den Monum. Germ. leg., T. III, pg. 292.

7) Andere Lesarten: scarti, lidescarti, lidscarti, lidstasti, litiscare.

8) Grimm, Wörterbuch, Bd. VI, Sp. 981.

9) Vgl. das Citat S. 46 in Anm. 2.

10) Grimm, Wörterbuch, Bd. VIII, Sp. 2222; Schiller und Lübben a. a. O. Bd. IV, S. 52; Schmeller a. a. O. Bd. II, Sp. 471.

bayerischen Volksrechte nicht um ein Abschlagen des ganzen Ohres, sondern nur um eine Verstümmelung im Sinne teilweiser, nicht zu ersetzender Vernichtung[1]), um eine Verletzung, deren Folgen — obgleich sie nicht Verlust des ganzen Gliedes oder Lähmung sind — niemals, auch nicht durch die günstigste Heilung aus der Welt geschafft werden können[2]).

In dieser Bedeutung haben auch mittelalterliche Rechtsquellen den Ausdruck „lidiscarti" bewahrt[3]). Was mir an Belegen bekannt ist, gehört insgesamt dem österreichischen Rechtskreise an. Als älteste Quelle ist es das Stadtrecht Herzog Leopolds für Wien von 1221, das im Gegensatz zu der amputatio von Hand, Fuss, Nase und Auge, sowie im Gegensatz zur „leme" eines Gliedes, von „lideschaert" spricht[4]). Auf diese Bestimmung sind alle späteren Sätze österreichischer Quellen zurückzuführen, die unseren Ausdruck kennen und verwerten. Denn auf dem Stadtrecht von 1221 ruht einmal cap. 2 des Wiener Stadtrechts von 1244 und cap. 11 des Stadtrechts von 1278, beide mit „lideschart"[5]). Die gleiche Abhängigkeit aber zeigt auch die Handfeste für Wien von 1340 mit der Form „litschertig" in cap. 14[6]). Daneben stehen als verwandte Quellen König Wenzels Stadtrecht für Brünn von 1243[7]) und Herzog Rudolfs III. Privileg für

---

1) Ganz abgesehen davon, dass beide im Text citierte Stellen der Lex Alaman. und Baiuwar. dies unverkennbar sagen, ergiebt die Richtigkeit unserer Auslegung auch der Gegensatz zu Lex Alaman. LVII, 10 und Lex Baiuwar. III, 14, Satz 2.

2) Eine Glosse des 15. Jahrh. fügt zu Lex Baiuwar. III, 13 in der Handschrift Cod. Monac. reg. lat. 19415 zu „lidiscarti" als Erklärung „libschattū". Als terminus technicus ist dieses „Leibscbaden" ebensowenig zu betrachten, als der ziemlich häufig in Taidingen Tirols wiederkehrende gleiche Ausdruck. Oesterr. Weist., Bd. III, S. 361, IV, S. 114, 448, 675, 684, 702, 703. VIII, S. 626, 675. — Genau entspricht den beiden citierten Stellen der Lex Alamannorum und Baiuwariorum Cap. 42 der Gesetze Aethelbirhts: „Gif eáre sceard weorðeð, VI, scill. gebéte." Schmid übersetzt (Gesetze der Angelsachsen, S. 7) völlig zutreffend: „Wenn ein Ohr schartig wird, büsse man es mit 6 Schillingen."

3) In der Form „scharte" in der poetischen Literatur erhalten z. B. bei Konrad von Würzburg: „den wuobs vil manic scharte
 an libe und an geliune" (Trojan. Krieg 33756).

4) Tomaschek, Rechte und Freiheiten der Stadt Wien, I, S. 9, cap. 2.

5) Tomaschek a. a. O. S. 20 und 44.

6) Tomaschek, S. 106.

7) Cap. 11 des lateinischen Originals (Rössler, Rechtsdenkmäler, Bd. II, S. 346) spricht von „lidtschertwunden": „Si quis aliquem vulueraverit ita, quod vulneratus convalescat sine detrimento membrorum, id est lidtschertwunden." Die deutsche Uebersetzung und Bearbeitung setzt hierfür das ohne quellen- und sprachgeschichtliche Entwickelung kaum verständliche „daz er gesunt wiert an den wunden und nicht glischert wiert" (Rössler a. a. O.).

Krems und Stein vom Jahre 1305[1]). In letzterem hat sich nur das „lideschart" des älteren Wiener Vorbildes in die Form „lidschrotich"[2]), deren zweiter Bestandteil uns aus der Zusammensetzung „beinschrötig" bekannt ist, verwandelt.

Ein doppeltes ist es, das die Verstümmelungen und Lähmungen in der Zeit der Volksrechte als Sondergruppe ausscheiden lässt: Sie können einmal mit und ohne Blutverlust verursacht werden, — mit blutiger Wunde, mit trockenem Schlage. Sie sind weiterhin qualifizierte Körperverletzungen. Beides ist im mittelalterlichen Rechte unverändert geblieben:

Zum Beweise des an erster Stelle angeführten Satzes muss vor allem auf die Ausdrucksweise der Quellen hingewiesen werden. Vielfach sprechen sie ganz allgemein von „verseren", „berauben"[3]), „verlähmen", von „inhabile facere" eines Gliedes. Häufig reden sie von „vulnus, quod in leem convertitur"[4]) von „verwunden daz er in lemt"[5]) und gleichbedeutend von „schlachen das er lemig wurd"[6]), von „bloslegen dy lempnisse brengen"[7]). Daneben fehlt es nicht an Rechtsaufzeichnungen, die zur Vermeidung eines Zweifels „stechen vnd houwen", „stossen oder verwunden — dass daraus Lähmniss erfolgt" verbinden[8]); auch nicht an solchen, die ausführlicher auf die Art und Weise, in der Verstümmelungen und Lähmungen beigebracht werden können, eingehen:

„Wer den andern — so bestimmt der Freiheitsbrief des Grafen Johann für Saarbrücken von 1321 — mit waffen oder mit andern gezuge eyniche gelydt brichet, dheyne auwe ussticht oder sin antzlicht entwurcket .. [9])."

---

1) Tomaschek a. a. O. S. 79, cap. 11.

2) Vgl. auch Michnay und Lichner a. a. O. S. 141.

3) In flandrischen Rechtsquellen: „membrum auferre". Warnkönig a. a. O. Urkundenbuch Bd. III, 1, S. 25, cap. 2, S. 34, cap. 32.

4) Z. B. Rössler a. a. O. II, S. 328, nr. 718, S. 329, nr. 721.

5) Niederoesterreichische Weistümer sprechen häufig von „lembwunden" (lambhe wunten, lembverwundten). Oesterr. Weist., Bd. VIII, S. 11, 28, 72, 86, 101, 130, 161, 478, 556, 577, 637.

6) Z. B. Oesterr. Weist., Bd. V, S. 483, Z. 15. In niederoesterreichischen Weistümern „krump und lähm schlagen" (a. a. O. Bd. VIII, S. 59, 295).

7) Magdeburger Fragen III, 1, dist. 2 (Behrend, S. 181).

8) Vgl. hierzu auch die Bestimmungen Lübischen Rechts bei Hach, Das alte Lübische Recht, S. 579, cap. LXIX und LXXI.

9) Grimm, W. II, S. 5.

Noch bestimmter sagt die bereits oben citierte Oeffnung zu Werschwylen im Thurgau:

„Wer den andern schlecht lam oder siner glider beroubt mit streichen, welicherlai gezüge das were ....."¹).

Der zweite Punkt, die rechtliche Auszeichnung der Verstümmelungen und Lähmungen, bedarf kaum erst des strikten Beweises. Es ergiebt sich von selbst, dass Verletzungen, die das Glied vernichteten oder dauernd entkräfteten, weit über die ohne Nachteile heilenden Verwundungen gestellt werden mussten. Zum Ausdruck bringen dies die Quellen durch den Gegensatz, den sie nicht selten in sprachlicher Wendung erzielen. Ich meine die Formeln „verwunden one lem" u. ä.²). Abgesehen hiervon aber kommt diese rechtliche Auszeichnung ganz besonders dadurch zum Ausdruck, dass Strafart und -mass sich über das Niveau der Blutwunden erheben. Regelmässig bildete Abschlagen der Hand die Strafe, — dies selbst nach Quellen, die sonst bei Körperverletzungen treu am Kompositionensystem festhalten. Wo man daneben Bussen verhängt, liefert das Wergeld die Einheit. Meist war es das halbe Wergeld, das entrichtet werden musste³). Besonders charakteristisch aber ist es, dass gerade in Verbindung mit Verstümmelungen und Lähmungen die Talion in den mittelalterlichen Quellen erscheint. „Wen sol alzo rihten ovge vmbe ovge, zan fvr zan, hant vmbe hant, füz vmbe füz⁴)." Das ist die oft gehörte, scharfe Weise der Strafandrohung⁵). Mit ihr suchte man, gestützt auf mosaisches Vorbild, der Schwere der Verletzung gerecht zu werden. Von seiten der Heilkunde, das wusste man, war bei Verstümmelungen und Lähmungen keine, oder doch nur eine Hülfe bescheidensten Umfangs zu erwarten. „Was abgehawen ist, wirdt nimmer widerumb hinan gesetzet: Was abgehawen wirdt biss an die Haut, ist auch also. Was zum zehenden theil kompt, mag in kein Fruchtbarkeit mehr kommen: Als wann du einen Arm ausstheilest vberzwerch, in zehen theil, vnd die neune

---

1) Grimm, W. V, S. 140, § 13.

2) Oesterr. Weist., Bd. III (Salzburg), S. 305. Stadtbuch von Augsburg, Zusatz zu art. LII (Meyer, S. 123). Vgl. auch Oesterr. Weist., Bd. VI (Steiermark), S. 404 und oben S. 42 in Anm. 3.

3) Günther a. a. O. S. 93 ff., S. 96 ff., mit zahlreichen Nachweisen.

4) Schwabenspiegel (Lassberg), cap. 201.

5) Ausführlich handelt hierüber Günther, Die Idee der Wiedervergeltung Abt. I, S. 223 ff.

würden abgehawen, so mag der zehend den Arm wol wider hinzu bringen, aber ohn frucht vnd krafft: Was aber innerhalb den neun Theilen ist, je neher dem ersten, je nutzbarer"[1]). Wenig aussichtsreich war ferner, was die Heilkundigen bei Aufhebung der Bewegungs- und Gebrauchsfähigkeit eines Gliedes empfahlen. Pflaster mehr als zweifelhafter Art standen im Vordergrund[2]). Daneben bemühte man sich, wenn das verletzte Glied „hart geworden", mit erweichenden Salben und handfesten Streckapparaten den Schaden zu bessern[3]).

Die bisherigen Untersuchungen weisen von selbst die Linien für die dritte Hauptgruppe der Leibesverletzungen, die wir oben unterschieden. Keine Vernichtung oder dauernde Entkräftung eines Gliedes, kein Blutverlust, das sind die Kennzeichen dieser dritten Hauptgruppe. In Wendungen, wie „schlagen ane leme" u. ä., kommt der an erster Stelle fixierte Gegensatz zum Ausdruck, in Wendungen wie „schlagen mit truckenen händen"[4]), „mit drocken streichen"[5]), der zweite.

Innerhalb der so gesteckten Grenzen lassen sich verschiedene Grade eines strafbaren Schlages denken. Sie steigen von dem einfachen Backenstreich hinauf bis zum „percutere ut exinde tumor proveniat". Hierbei ist der Behauptung Wilda's Recht zu geben, dass Misshand-

---

1) Paracelsus, Grosse Wundartzney, Bd. I, cap. 3, S. 3.

2) Man vergleiche nur Wirsung's Artzney-Buch, S. 525: „Wo ein verwund glied erlamete. Darzu brauchen die Wundartzet volgends: Nim Rindermist, Geissmist, das ist jr kot, mach ein Pflaster darauss mit Regenwürmdle, schlachs warm vber, so erlassen sich die Neruen". Reinlicher, wenn auch ebenso wirkungslos, ist das Mittel des Paracelsus a. a. O. S. 351 (mit „Fuchs- und Dachsenschmaltz").

3) Gersdorff, Feldbuch der Wundartzney, Bl. XXX ff. „Von den harten glidern", Bl. XLIX. „Ein glidwaichend salb", Wirsung a. a. O. S. 458 „Wann die Finger auss verwunden erstarrend", Ryff, Gross Chirurgei, Bl. X ff.

4) Grimm, W. V, S. 657, § 4 (Pfalz); „mit druckenen feustenn": Grimm, W. I, S. 569, S. 666, § 9. „Schlug einer den anndern trucken, das er jn nit wundte" (a. a. O. I, S. 393); „drögenschlag": a. a. O. IV, S. 689, cap. 8 (Niedersachsen).

5) Grimm, W. I, S. 782 (Pfalz), II, S. 703, III, S. 616 (Franken), IV, S. 617, V, S. 658, 667; „Schlagen truckener rur": a. a. O., V, S. 140, § 10. — Auf Wendungen, wie „schlagen on das er in bluotrünssig macht", „percutere (verberare) absque effusione sanguinis", wurde bereits oben S. 9 hingewiesen. — Besonders anschaulich treten diese Gegensätze in den Antithesen der thurgauer Öffnung zu Tanneg und Fischbingen hervor: „Welcher den andern schlecht mit der fuest ain truchnen straich, ist verfallen dry schilling pfenning, fallt er zu der erd von des straichs wegen, und bluet nit, ist ein pfundt mit gnad, blüet er aber und fallt nit, ist sechs pfundt pfenning. Fallt er aber von der straichs wegen, und bluet, das ist zehen pfundt, dass als mit gnad" (Grimm, W. I, S. 281).

A. Schmidt, Medizinisches etc.

lungen, die ohne merkliches Zeichen am Körper des Geschlagenen bleiben, „nicht mehr zu den Körperletzungen gerechnet werden können, sondern den Injurien beigezählt werden mussten ¹)." Die germanischen Quellen bestätigen dies, obwohl ihnen ein allgemeiner Begriff der Realinjurie fehlt. Nach den Volksrechten sind unter den Begriff des trockenen Schlages nur diejenigen Schläge zu stellen, die sichtbare Spuren hinterlassen. Abzusondern sind die wirkungslosen Schläge. Sie sind mit den ehrenkränkenden Gewaltthätigkeiten des Haargriffs oder Wasserwurfs zu verbinden ²). Sichtbare Spuren im Sinne der Volksrechte bilden das Anschwellen des Schlages, „quod Alamanni pulislac dicunt"³), oder das Blauunterlaufen der getroffenen Stelle ⁴).

Mit voller Treue haben die mittelalterlichen Quellen diese Züge des älteren Rechtes bewahrt. Noch immer gilt Unterlaufen oder Beule als Merkmal des trockenen Schlages. Man spricht von „livor vulgo blawe dictum"⁵), von „bloslegen"⁶), von „plewat"⁷), von „brun vnde

---

1) Wilda a. a. O. S. 774.

2) So völlig zutreffend Brunner a. a. O. S. 637.

3) Lex Alamann., LVII, 1, übereinstimmend Lex Baiuw., IV, 1, V, 1. Zwei Handschriften der Lex Ribuaria (XIX, 1, Cod. B. 3, 4) lesen: „quod nos dicimus bunislegi." Ed. Rothari, cap. 125: „pul-slahi." Allen diesen Ausdrücken liegt das ahd. bûlja (ags. byle, fries. bel, beil), Beule, tumor, tuber zu Grunde. Grimm, Wörterbuch, I. Sp. 1745.

4) Lex Frision. addit. III, 42 „Qui alium fuste percusserit, ut lividum fiat..."; Ed. Rothari cap. 125 „si uulnus aut libor apparuerit." Eine Vereinigung von Blau- und Beulschlag in der Lex Saxonum, cap. 2 (livor et tumor). Grimm a. a. O. II, Sp. 81. — Für den „dursiac" der Lex Frision. XXII, 3 vgl. die Ausführungen Richthofen's in seiner Ausgabe, für die nordgermanischen Rechte v. Amira a. a. O. I, S. 716 ff., II, S. 852 ff.

5) Hamburger Urk. v. 1292 bei Westphalen, Monum. inedita rerum Germanicorum, T. IV, pg. 138. Vgl. auch Ratzeburger Urk. v. 1282: „minus iudicium quod extendit se ad livorem et sanguinem, quod bloot et blawe dicimus" (Westphalen l. c. T. II, col. 2203). Die Verbindung „blot ofte blaw" findet sich bereits im Hamburger Stadtrecht von 1270 IX, 1, 2 (Ausg. v. Lappenberg, S. 49, auch in den Redaktionen von 1292 und 1497) und im Lübischen Recht, Cod. III, art. 210 (Ausg. v. Hach, S. 447). Sie kehrt wieder in zwei weiteren Ratzeburger Urkunden v. 1288 und 1376 (Westphalen l. c. T. II, col. 2211 und 2274), im Hamburgisch-Rigischen Rechte, VII, 2 (Napiersky a. a. O. S. 102; übereinstimmend die umgearbeiteten Rigischen Statuten, IX, 16, a. a. O. S. 189), überdies in westfälischen Weistümern (z. B. Grimm, W. III, S. 13 und S. 76), gelegentlich auch in Quellen Magdeburger Rechts (Magdeburger Fragen, III, 1, dist. 2). Die gleiche Wendung zeigen ferner z. B. die Gesetze der Emsiger, § 31: „anda him slait blaw ieftha blodich" (Richthofen, Rechtsquellen, S. 239).

6) Magdeburger Fragen, III, 1, dist. 2; Purgoldt's Rechtsbuch, XI, 18 („blaw fleck"; Ortloff, II, S. 322). Hierher gehört auch Danziger Schöffenbuch

blawe"¹). Sorgsam vermehrt sogar, um jedem Zweifel zu begegnen, das Berliner Schöffenrecht die Farbenskala²). Ebenso häufig wird des alten „Beulenschlags" gedacht. Die Quellen reden von „peul"³) oder „schwulst schlagen"⁴), von schlagen, „daz ime die slege swellen"⁵), von Schlägen, die „irhabin" werden⁶), von „percutere pugno vel fuste, ut exinde tumor proveniat"⁷).

Ueber den Charakter der Verletzung war man nicht im Unklaren. Deutlich zeigt dies eine Definition der Dortmunder Statuten, die von „vulnus intercutaneum, quod teutonice blawûnde dicitur", spricht⁸). Uebereinstimmend hiermit enthalten die alten

---

(Ausg. von Toeppen im Programm des Gymnasiums zu Marienwerder 1878), S. 31, weiterhin z. B. Brünner Schöffenbuch, nr. 267: „De emendis plagarum vulgariter dictarum „blabschleg." Sententiatum est in Chremsir, quod plaga, quae signum flaveum in cute hominis sub vestibus ostendit, judici solvitur talentum et percusso" (Rössler, Rechtsdenkmäler II, S. 123).

7) Daneben die Formen „plewet", „pleuat" und verbal „plawen", blauschlagen. Belege bieten vor allem die tiroler Taidinge (Oesterr. Weist., Bd. V, S. 251, 362, 380, 411, 448, 763, S. 18 „und ob man ain plawe mit drucken straichen"). „Bläuen" (bleuen, bliuwen u. a.) im Sinne von „blauschlagen" findet sich aber auch anderwärts stark verbreitet. Grimm, Wörterbuch, Bd. II, Sp. 111 ff.; „zerblauwen" im Nibelungenlied 837.

1) Stendaler Urteilsbuch, nr. XXVII (Ausg. von Behrend S. 113), Gerichtsordnung der Stadt Gupen, Ausg. von Saupe, S. 21, Richtsteig Landrechts cap. 37: „Spricstu des wort an deme brun odder blaw gewarcht is odder swulst" (Ausg. von Homeyer S. 247).

2) Berlinisches Stadtbuch (Ausg. v. 1883) S. 173, § 8: „Worde ymande swart, brun, blauwe oder schwulst geslagen . . . ." Vgl. auch Blume des Magdeburger Rechts II, 2, cap. 242: „Slehit ein man den anderen mit knuttelin odir mit vlachim messer oder swerte odir stozt in mit swertclozin, odir kraczt odir krymmt in, daz im dy slege odir stoze czu swellin vnd mit blute vndirlioufen und swarcz, brunbla werdin odir blutrunstig wirt . . . ." (Ausg. von Boehlau S. 145). — Aethelbirhts Gesetze, cap. 59: „Gif dynt sweart sie bûton wôedum, XXX scœtta gebête" (Schmid S. 6).

3) Z. B. Taiding von Stumm (Oesterr. Weist., I. S. 142), Taiding der Grafschaft Werdenfels (Grimm, W. III, S. 662).

4) Vgl. auf dieser Seite Anm. 1 u. 2.

5) Sachsenspiegel I, 68, § 2.

6) Magdeburg-Breslauer systematisches Schöffenrecht III, 1, cap. 21. Kulmisches Recht III, 21 (Leman S. 57); Magdeburger Weichbild (Ausg. v. Daniels) cap. 94, beide mit Unterscheidung, ob die „upperhavenen slege" den Rücken, Bauch, Kopf oder die Arme treffen. Rechtsbuch n. Distinct. IV, 4, dist. 4 (Ortloff, S. 182), Blume des Magdeburger Rechts I, 64 (Boehlau S. 41).

7) Satzung Herzog Leopolds für die Kaufleute von Regensburg v. 1192 (Tomaschek, Rechte u. Freiheiten S. 1).

8) Dortmunder Statuten cap. 9 (Ausg. von Frensdorff S. 25).

Chirurgieen regelmässig ein Sonderkapitel „von fallen, schlahen, stossen, oder dergleichen verunwirsung, dardurch sich gerunnen blut setzet zwischen fell vnd fleysch, on eröffnung der haut"[1]). Man berücksichtigte auch, wie das Rechtsbuch nach Distinctionen sagt, dass derartige Schläge „uffte grossen smerczen tragen"[2]) und rechtfertigte damit das vielfach nicht geringe Mass der verhängten Strafen. Uebereinstimmung in der Höhe dieser Strafen dürfen wir nicht erwarten. Schon ein Ueberblick über den geschlossenen Quellenkreis eines engeren Rechtsgebietes ergiebt starke Unterschiede. So setzt ein Teil der tiroler Taidinge für den Blauschlag „fünf pfunt perner" fest und wählt damit eins der niedrigsten, den Taidingen bekannten Strafmasse[3]). Ein anderer Teil tiroler Taidinge bestraft den Blauschlag mit 50 und mehr *ll*. — ein Strafmass, das weit über dasjenige der fliessenden Wunden hinausgreift[4]).

Die gleiche Verschiedenheit zeigt sich in anderen Rechtsaufzeichnungen[5]). Uebereinstimmung herrscht in allen Quellen lediglich darin, dass für Blau- und Beulenschlag keine peinliche Strafe, sondern nur Busse und Wette verhängt werden durfte. Dies geht auch aus den Vorschriften derjenigen Rechtsquellen hervor, die keine feste Straf-

---

1) Ryff a. a. O. Bl. XCIV: „Von harter verunwirsung fallens, stossens, schlahens, oder dergleichen, wirt etwan das fleysch vnder der haut zermurschet oder gequescht, on eröffnung der haut, welche schedigung scheutzliche masen gibt des gerunnenen oder geliferten bluts, welches sich zwischen fell und fleysch setzt vnd etwan daselbst erstirbt; Brunschwig a. a. O. Bl. LXXXb, Gersdorff Bl. XXVII a („Von den geschlagnen straichen dye da nicht wund sind, vnnd plůt zwischen hautt vnnd flaisch ist",) Paracelsus a. a. O. Bd. I, cap. V (S. 50).

2) Vgl. das Citat S. 51 Anm. 6.

3) Vgl. z. B. Oesterr. Weist., Bd. V, S. 362, 763.

4) Vgl. u. a. Taiding zu Niedervintl (a. a. O. Bd. V, S. 448), das für „erpleuen" 50 *ll*, für eine fliessende Wunde 5 *ll*, für eine bogende Wunde 15 *ll* als Busse an das Gericht bestimmt; ähnlich Taiding zu Salern und Vahrn mit 52 *ll* Gerichtsbusse für Blauschlag, 10 *ll* Gesamtbusse für fliessende, 50 *ll* Gesamtbusse für bogende Wunden.

5) Nachweise hierfür giebt Günther a. a. O. S. 102. Dazu siehe noch beispielsweise die S. 50, Anm. 5. u. 6, sowie S. 51 Anm. 1 angeführten Citate des Lübischen Rechts, des Danziger und Brünner Schöffenbuchs, des Stendaler Urteilsbuchs; einen interessanten Hinweis auf das „Brandenborgesche recht" giebt das Berliner Schöffenrecht a. a. O. S. 150, § 22, Abs. 4. Die Strafen selbst sind zunächst nur aus den einzelnen Quellen zu verstehen. Nur unter Berücksichtigung der Verschiedenheit von Entstehungszeit und Münzsystem verspricht eine Nebeneinanderstellung und Vergleichung der Strafsummen Erfolg.

summe vorschreiben, sondern sich mit einer allgemeinen Strafandrohung begnügen¹).

Ausdrücklich erklärt der Sachsenspiegel III, 37, § 1: Sve so den anderen sleit ane vleischwunden oder roft, wert he gevangen mit gerüchte unde vor gerichte gebracht, it gat ime an den hals noch an sin gesunt nicht, wende wedde unde burte verboret he dar an²).

„Livor" und „pulislac", so sahen wir, erschöpften in den Volksrechten keineswegs die strafbaren Schläge. Ebensowenig bieten Blau- und Beulenschläge eine solche Erschöpfung strafbarer Schläge innerhalb der mittelalterlichen Quellen. Vielmehr stehen neben den sichtbare Spuren hinterlassenden Schlägen einfache Backenstreiche, Backenschläge, Maul- und Ohrenschläge³). Neben ihnen steht auch — mit erkennbarer Qualifizierung gegenüber den einfachen Backen- und Ohrenschlägen — das „Raufen und Schlagen". So wenig wie aber die Schläge ohne merkliches Zeichen zur Zeit der Volksrechte

---

1) Z. B. fährt die Blume des Magdeburger Rechts in der S. 51, Anm. 2 citierten Stelle fort: „wird diz in frischir tat bewisit und beclagit: der antworter mag iz mit gewette und mit buze bessirin, ob er czu rechtir antwort kumt." Vgl. auch das Magdeburg-Breslauer systematische Schöffenrecht, das Kulmische Recht, das Magdeburger Weichbild und das Berliner Schöffenrecht in den Citaten S. 51, Anm. 6 und S. 51, Anm. 2.

2) Deutschenspiegel, cap. 263. Vgl. zu Ssp. III, 37, § 1 Homeyer, Richtsteig Landrechts, S. 446 und oben S. 62 ff. — Mit Ssp. III, 37, § 1 ist II, 16, § 8: „Svene man ane vleischwunde sleit.... deme sal man bute geven nach siner bord" zu verbinden, — eine Bestimmung, die Deutschenspiegel, cap. 117 wörtlich übernimmt, Schwabenspiegel (Lassberg) 176b missverstandenerweise in „Swem man eine wunde sleht...." verwandelt. Die Vorschrift des Ssp. findet sich in verwandten Rechtsquellen, beispielsweise im Berliner Schöffenrecht (vgl. das Citat oben S. 52 in Anm. 5); hier wird sie auch bewusst fremdem Rechte gegenüber gestellt. Vgl. die folgende Anmerkung.

3) Dabei wird für die Festsetzung der Strafen häufig unterschieden, ob der Schlag mit der Faust, mit „abichter (äbicher) hant" (verkehrter Hand, dem Handrücken), oder mit flacher Hand geführt worden ist. Auch die Stellung des Daumens bei Führung des Schlages wird in Rücksicht gezogen. Zum Belege sei nur auf eine geschlossene Quellengruppe Bezug genommen: auf die steirischen Taidinge in den Oesterr. Weist., Bd. VI, S. 32, 40, 91, 119, 129, 150, 222. Mit leichter Mühe lassen sich gerade aus dem Kreise der bäuerlichen Rechtsquellen ganze Reihen von Beweisstellen beibringen. — Bei der Festsetzung der Strafe spielt ferner der Stand des Geschlagenen eine wichtige Rolle. In besonders charakteristischer Weise behandeln diese Frage beispielsweise die Stadtrechte für Wien (vgl. Stadtrecht v. 1221, cap. 10 bei Tomaschek, Rechte und Freiheiten, Bd. I, S. 10; Stadtrecht v. 1244, cap. 4 a. a. O., S. 26; Stadtrecht v. 1278, cap. 17 ff. a. a. O. S. 45). Vgl. auch Osenbrüggen a. a. O. S. 237. — Ueber erlaubte Schläge siehe Osenbrüggen S. 236; Günther, S. 85 ff.

den trockenen Schlägen im technischen Sinne beigezählt werden dürfen, so wenig würde dies für die mittelalterlichen Quellen zutreffen. Auch hier sind sie mit Misshandlungen und Gewaltthätigkeiten, wie dem oft genannten Delikt des „ertvellic machen", zu einer Gruppe zu vereinigen. Dabei verkenne ich nicht, dass (gleich den Volksrechten) der weit überwiegenden Zahl der mittelalterlichen Quellen ein allgemeiner Begriff der Realinjurie noch fehlt. Hier sind meiner Schrift Grenzen gesteckt, die ich — wenngleich mit Eike von Repgow's „ungern er'z aber an quam" — einhalten muss.